옛 어른들이 남겨주신
지혜라는 보물의 창고

속담 속에 진정한 길이 있다

지은이 이석두
감수자 조희웅

도서출판
보물찾기

속담 속에 진정한 길이 있다

초판 1쇄 인쇄일 2024년 12월 13일
초판 1쇄 발행일 2024년 12월 17일

지은이 | 이석두
감 수 | 문학박사 조희웅
편집/교정 | 정상기획인쇄
표지디자인 | 우진광고

발행처 | 도서출판 보물찾기
주 소 | 서울시 양천구 곰달래로2길 16 3층
전 화 | 010-5387-9125, 010-4782-8418
이메일 | bestprint@kakao.com
출판등록 | 제 2020-000044호

가격 22,000원

(추천사)

우선 "속담 속에 진정한 길이 있다"라는 책을 내신 것을 축하드린다. 책의 내용은 속담사전이요, 보물창고이다. 속담은 짧은 단구(短句)들로 채워졌지만 촌철살인(寸鐵殺人)의 설득력이 있다. 우리에게 삶의 지혜를 주고 인간관계를 좋게 하고 깨달음을 준다. 성경이나 불경은 읽기 어렵고 심오한데 비하여 이 속담은 읽기 쉽고 가볍게 접근할 수 있는 평이성이 있다. 그 외에도 재미있고 웃음이 있고 해학이 있고 놀라운 비유가 있다. 시와 시조를 쓰는 데도 비유법이 중요한데 속담에도 빼놓을 수 없는 것이 비유법이다. 이것은 무엇을 비유한 것인지 본뜻을 알아차려야 한다. 이 책은 읽는 데 그치지 말고 항상 곁에 두고 지내야 한다. 이 책은

① 삶의 지혜를 준다.

② 철학성 보다는 인간성을 중시한다.

③ 가치 있는 글들을 모아놓았다.

④ 사람을 성공의 길로 안내한다.

⑤ 누구든 공감(共感)할 수 있다.

이러한 장점이 있기에 남녀노소, 빈부귀천, 상하좌우에 관계없이 읽혀야 할 책이다. 이 책을 모든 분에게 적극 권장한다. 이 책이 널리 읽혀져 세상을 밝게 하고, 반듯하게 하고, 부드럽게 하고, 웃으면서 살아갈 수 있는 세상이 이뤄지기를 기대한다.

2024년 11월 13일

한국교원대 명예교수 원용우 씀

–문학박사

(추천사)

지난해 중학동창이자 오랜 지기인 이석두형과 근 70여 년 만에 다시 만날 수 있었다. 1958년에 우리는 고교 진학을 달리하는 바람에 헤어져 오랜 세월 격조하였다가 비로소 재회할 수 있었다. 그날 우리 두 사람은 중학 시절의 유일한 사진인 앨범을 뒤적이며 지난 날의 벗들을 하나하나 거론했다. 그중에는 최근 작고한 작가이자 번역가 안정효, 전 고등법원 부장판사 이보환도 있었다. 나머지 학우들과는 어느덧 80 중반을 넘어선 지금 소식을 알 수 없게 되었다.

그날의 담화 속에서 이형은 대학에서 경제학을 전공한 다음 전공과는 다른 길을 걸었다는 말을 들은 바 있었고, 요즈음은 여가 시간을 이용하여 틈틈이 모아두었던 속담 자료들을 모아 속담집을 출판하려 한다는 말도 들었다. 그런데 엊그제 이형으로부터 그가 출판하려는 속담집의 가장판이 우송되어 왔다. 책과 함께 부쳐온 쪽지글에는 책을 검토해본 후 거침없는 의견을 달라는 말과 함께 가능하다면 추천의 글을 좀 써주었으면 한다는 당부의 글도 첨부되어 있었다. 순간 내가 감히 이형의 오랜 세월에 걸친 각고의 노력에 대해 누가 될지도 모를 무슨 말을 하랴 하는 생각도 들었으나, 이형과의 학연을 생각하면 쉽사리 외면할 수는 없었다. 그리하여 책을 펼쳐놓고 며칠 동안 책의 내용을 살핀 결과 충분히 상찬할 만한 책이라 생각하여 졸필을 들기로 했다.

모두가 잘 아는 바와 같이 속담이란 개인의 체험이 쌓여 이루어진 민중의 지혜의 결정체이다. 물론 각각의 속담의 기원을 따라 올라가자면 최초에는 특정 개인의 입에서 나온 것이겠지만, 그 말에 공감한 여러 사람의 입을 거치는 사이에 원 발화자는 잊혀지고 차차 민중의 공동재산으로 되었을 것이다. 우리는 이러한 자료들을 구비문학이라 부른다. 속담은 구비문학의 여러 형태 중에서 수수께끼와 아울러 가장 간략한 형태의 것이다. 즉 속담은 상황 설명을 길게 늘어놓아야 할 경우 단 몇 구절로 된 짧은 문장으로 표현하는 것으로, 오늘날에는 일반 생활인은 물론 문학 작가나 철학가, 정치인들이 애용하는 관용구 중의 하나이다. 과거로 돌아가 보면 늘 점잖음을 유지해야 하는 유학자들의 글 속에도 종종 비속한 내용의 속담들이 표출되고 있고, 심지어는 근엄한 임금들까지 비속한 내용의 속담들을 거침없이 사용하였음을《조선왕조실록》이나《승정원일기》등등에서 찾아볼 수 있다. 특히 영조나 정조의 경우는 속담의 다수 사용 예들이 확인된다.

우리의 문학사 속에서 현존 최고의 속담 자료를 찾아본다면《삼국유사》에 실려 전하는 '내 일 바빠 한댁 방아'라는 것일 것이다. 물론 그 이전에도 수많은 속담들이 민중들의 생활 속에서 존재했을 터이지만, 문헌의 인멸로 인해 상고할 길이 없음이 안타깝다. 삼국 이후의 속담 자료는 고려를 거쳐 조선조로 넘어오면서 더욱 많은 문헌 자료가 남아 있다. 그들은 대부분 한문으로 쓰여진 것들이지만 조선조 중기를 넘으면서부터 차차 한글 속담도 나타나기 시작한다. 이 무렵 비록 한역된 것이기는 하지만 전문 모음집들이 간행되기에 이른다. 1678년에 간행된 홍만종의《순오지》는 그러한 최초의 예다. 이 무렵 성호 이익(1681-1763)의《백언해 百諺解》, 정약용(1762-1836)의《백언시 百諺詩》가 나오고, 조선조 말에 이르러 드디어 최초의 결정판이라 할 만

한 《이담속찬》(1820)이 나왔다. 근대에 들어서서는 외국어로 출판된 다까하시 도루의 《조선의 물어집 부 이언 朝鮮の物語集附俚諺》(1910) ; 게일의 《Gale-Korean Grammatical Forms(1916)》 등의 속담 모음집이 있었고, 명실공히 최초의 국문 속담집이라 할 수 있는 최원식의 《조선이언 朝鮮俚諺》(1913)도 간행되었다.

지금까지 국내외에서 간행된 속담집들은 매우 많다. 저자의 이 책에는 총 1344개의 속담이 포함되어 있다. 이 책의 저자는 기왕의 속담집에서 보았거나 업무상 혹은 사적인 대화 속에서 주워들었던 속담들을 틈틈이 기록했다가 이들을 정리하여 본서를 간행하게 되었음을 밝히고 있다. 내용 중에는 지금까지 간행되었던 어떤 책에도 들어 있지 않은 새로운 자료들이 꽤 많이 발견된다. 또한 저자는 머리말을 겸한 속담을 해설하는 글을 통하여 속담의 성격과 특징에 대하여 비교적 알기 쉽게 잘 설명하고 있다. 이러한 점들로 보아 본서는 앞으로 속담을 이해하거나 연구하려는 사람들의 좋은 참고가 될 것임을 믿어 의심치 않는다.

이석두 학형의 《속담 속에 진정한 길이 있다》가 출간됨을 충심으로 축하드린다.

2024. 11월 하순 파정재에서

국민대학교 명예교수 조희웅 씀
-한국고전문학학회 회장 역임
-문학박사

〈머리말〉

나는 20여 년 동안 옛 어른들이 남겨주신 속담들을 틈틈이 읽어 보면서 그분들의 지혜에 탄복할 정도로 깊은 감명을 받았다. 그래서 나도 한 번 그분들의 지혜가 담긴 속담을 간추려 책으로 만들어서 '다른 사람들과 그 지혜를 공유해 보면 어떨까' 하는 막연한 생각을 했다. 그러던 중 나는 아래의 두 가지를 계기로 속담책 집필을 결심하게 되었다.

그 한 가지는 "허허 해도 빚이 열닷 냥", "쌍가마 속에도 설움이 있다", "비단치마 아래 눈물이 괸다", "혼인대사 급 대사"라는 속담을 읽은 것이다.

경제적 사정 등으로 괴로운 현재의 나의 마음을 위로해 주고 보듬어주는 듯한 느낌을 받은 것이고, 아직 두 아들 짝을 맺어주지 못한 애비를 책망하는 듯한 느낌을 받은 것이다.

또 한 가지는 이름 모를 여대생 두 명을 우연한 기회에 만난 것이다. 2023년 5월 3일 아버님 기일을 맞아 고향인 강원도 원주시 문막읍에 가려고 청량리역에서 열차를 기다리고 있었다. 한 시간 남짓 시간

적 여유가 있기에 청량리역 옥상 광장에 가서 지참하고 있던 속담 정리해 놓은 노트를 보고 있었는데 이름 모를 여대생 두 명이 나에게 접근하며 말을 걸어 왔다.

"어르신, 무슨 공부를 그리 열심히 하세요?" 하는 질문에 "아, 예. 속담공부를 하고 있습니다."라고 대답하니 더욱 호기심이 생겼는지 한 학생은 가지고 있던 무비 카메라로 나의 모습을 요모저모로 찍기 시작했고 또 한 학생은 속담에 관한 질문을 하기 시작했다. 열차 출발시간이 십여 분밖에 안 남아 짤막한 대화를 나누고 나서 "속담책 만들면 한 권씩 보내드리겠습니다."라고 약속하고 열차가 들어올 플랫폼으로 향했다. 그리고 다음날 두 여학생 모두 아래와 같은 문자메시지를 내 휴대폰에 보내왔다. "속담 책 너무너무 기대되네요."

속담 책 집필을 결심하고 막상 시작해 보니 속담 책 집필이 장난이 아님을 절실히 느끼게 되었다.

마음을 다잡아 피곤을 무릅쓰고 새벽 3시에 기상했다.
그리고 요가의 하나인 물구나무서기로 머리를 맑게 했다.
이어서 집 앞에 위치한 하늘공원으로 이동했다.
새벽의 상큼한 공기를 마시며 공원에 설치된 운동기구로 가볍게 몸을 풀고 나면 머리는 깊은 산중 계곡에 흐르는 물처럼 더더욱 맑아졌다.

이처럼 매일 새벽 3시부터 아침 8시까지는 속담 책 집필을 위한 골든타임에 다름 아니었다.

나는 여러 해 동안 속담 책을 읽어 보면서 속담이란 다른 어떤 글과도 비교할 수 없는 훌륭한 가치가 있는 글이란 것을 불현듯 깨닫게 되었다. 그 훌륭한 가치들을 아래에 적어 본다.

[속담은 옛 어른들이 후세에게 남겨주신 지혜의 보물창고였다.]
속담은 옛 어른들이 그들의 생활 속에서 생겼던 모든 일들 중 가치가 있다고 생각한 것들을 고르고 골라서, 다듬고 다듬어서 후세에게 전해주신 [지혜]라는 보물의 창고였다.

[속담 속에는 촌철살인의 설득력이 있었다.]
속담은 글자 한 자 한 자를 고르고 고르고 다듬고 다듬어 놓은 것이기에 짤막짤막한 글에도 불구하고 촌철살인의 설득력이 있었다. 모든 사람들의 하나같은 평가인 '옛말 그른 데 없다'가 이를 여실히 증명해 주고 있었다.

[속담은 그 대부분이 인간관계에 관한 글들이었다.]
먼저 인간관계에 관한 옛 시인의 말을 하나 소개해 본다.
〈인생 행로의 어려움은 물이 깊어서도 아니요, 산이 높아서도 아니다. 인간관계의 어려움 때문이다〉 –중국 당나라 시인 백낙천–
속담 하나 더 소개해 본다.
〈어느 개가 짖느냐〉
이 속담에 표현된 것은 개가 짖는 것이다. 개가 짖는 것이 인간관계에 중요한 것은 아니다. 그렇지만 이 속담이 내포하고 있는 뜻은 상대방이 애써 이야기하고 있는데 들은 체 만 체하는 것을 나무라는 것이다. 즉 인간관계 속에서 일어날 수 있는 것을 표현한 것이다. 옛 시인이 언급한 인간관계의 중요성을 옛 어른들은 이미 터득하고 있었던 것이다.

[속담은 비유 형태의 글이었다.]

속담 하나 소개해 본다.

〈말은 넌지시 하는 말이 비싸다〉

이 속담은 비유의 우수성을 그대로 보여준다.

〈사공이 많으면 배가 산으로 간다〉

이 속담이야말로 [속담은 비유다]라는 말을 여실히 보여준다.

이 속담의 뜻은 어떤 일을 추진할 때 단계별 상사들(계장, 과장, 국장 등)이 각기 다른 지시를 하면 그 일 추진이 불가능하다는 말이다.

이렇게 비유라는 형식을 취한 속담은 글자 그대로만 해석하면 오히려 이치에 맞지 않는 이상한 말이 되어버린다. 사공이 아무리 많아도 배가 산으로는 갈 수 없기 때문이다. 그래서 비유로 이루어진 속담들은 그 안에 내포하고 있는 본 뜻이 중요한 것이다.

[속담은 특유의 감칠맛이 있었다.]

속담은 옛 어른들이 그들의 생활 속에서 일어났던 일들 중 가치가 있다고 판단된 것들을 고르고 고르고 다듬고 다듬어서 만들어 놓은 글이다. 그리고 그 밑바탕에는 해학, 재치, 성 관련 등이 비유의 형태로 깔려 있어서 그 표현의 감칠맛은 그 어떤 다른 글과도 비교할 바가 아니었다. 꽃 중의 꽃이 무궁화꽃이라면 말 중의 말은 속담인 것이었던 것이다.

[속담은 대중적이었다.]
나는 기독교인이 불경 읽는 것을 본 적이 없고, 불교인이 성경 읽는 것을 본 적이 없다. 그에 반해 속담은 남녀노소 불문하고 유식자, 무식자 불문하고 전문인 일반인 불문하고 종교인 비종교인 불문하고 그 누구든 읽어도 되고 그 누구든 읽기 쉽고 그래서 그 누구든 공감할 수 있는 글이었다.
철학자 아리스토텔레스는 이렇게 말했다.
"속담은 그 누구나 손쉽게 쓸 수 있는 가장 편리한 생활용어이다."

[속담은 성경, 불경, 철학서 등과 다른 독특함이 있었다.]
성경, 불경, 철학서 등은 인간이 가야할 길 위주의 글들이다. 다시 말해 거룩한 말씀 위주의 글이다. 그에 비해 속담은 인간생활 속에서 일어났던 일들 중에서 좋은 것 나쁜 것 가리지 않고 모두 기록해 놓은 글이다. 그리고 나서 바람직한 것은 적극적으로 권장하는 형태이고 바람직하지 않은 것은 인간의 건전한 상식에 기초해서 취하던지 버리던지 하라는 판단권 부여의 형태이다. 간단히 말해 권선징악의 형태였다.

[속담은 성관련 내용을 그 밑바탕에 깔고 있었다.]
속담은 대부분 성관련 내용을 그 밑바탕에 깔고 있다.

한 예를 들어 본다.

〈보기 좋은 떡이 먹기도 좋다〉

이 속담이 의도하는 본 뜻은 '이성간 연애과정에서 상대방의 모습이 매력적이면 연애감정이 더 짙어진다'는 말이다.

이 속담도 글자 그대로만 해석하면 납득하기 어렵게 된다. 먹기 좋은 떡이려면 떡 만드는 재료가 좋아야 되고 떡 만드는 솜씨가 훌륭해야 되는 것이지 외양이 좋게 보인다고 먹기 좋은 떡이 될 수는 없기 때문이다.

이렇게 속담은 밑바탕에 성관련 내용을 깔아놓음으로써 더욱 감칠맛을 나게 한다. 혹자는 속담의 이런 속성 때문에 저속한 것으로 평가절하하기도 한다. 그러나 성욕은 인간의 본능인 식욕, 명예욕과 함께 3대 본능 중 하나다. 그러므로 본능으로서의 성이 도매금으로 평가절하돼서는 안 된다는 것이 본인의 생각이다. 단지 성이 나쁜 방향으로 사용됐을 때 비난받아야 하는 것은 별개의 문제일 것이다.

[속담은 옛날 말이어서 급변하는 현대에는 맞지 않는다는 생각에 대하여]

속담이 옛것을 그 재료로 한 것임에는 이론의 여지가 없다. 그러나 속담은 '비유'가 그 특징이고 따라서 그 비유에 의해 의도된 '본 뜻 전달'이 그 취지인 것이다.

예를 하나 들어본다.

〈도둑 맞고 사립문 고친다〉

사립문은 옛날 초가집의 대문이다. 현대는 아파트 시대고 그렇기에 초가집이 있지도 않고 따라서 사립문도 없다. 그러나 이 속담은 비유의 방법으로 사립문을 표기했지만 그 본 뜻은 '기회를 놓쳤다' '기회를 놓치지 말라' 이다. 그리고 이러한 본 뜻은 시대변천에 불구하고 어느 시대, 그 누구에게도 통용되는 보편적 가치인 것이다.

나는 이 책을 집필하면서 읽으시는 분들의 편의를 염두에 두고 아래와 같은 방법을 택했다.

첫째, 순서를 염두에 두고 1,2,3,4. ㄱ,ㄴ,ㄷ,ㄹ. 가,나,다,라. 가,갸,거,겨 순서를 택했다.

둘째, 속담을 적었다.

셋째, 뜻을 적었다. 뜻은 주로 그 속담이 비유로 되어 있을 때 그 속담에 담긴 본 뜻을 적었다.

넷째, 좀 더 설명이 필요할 듯한 것은 해설이나 유래, 참조난을 두었다.

다섯째, 같은 뜻의 속담을 적었다.

여섯째, 成語가 있는 것은 成語를 적었다.

일곱째, 그 속담을 읽을 때 비슷하거나 반대되는 것들, 연상되는 속담들을 적었다.

여덟째, 같은 뜻의 속담들 또 기재하는 번거로움을 염두에 두고 찾아가기를 적었다.

이 책이 출간되기까지 바쁘신데도 불구하고 아낌없이 지도 편달해 주시고 기꺼이 추천해 주신 문학박사 원용우 교원대학교 명예교수님과 문학박사 조희웅 국민대학교 명예교수님께 심심한 감사의 뜻을 전해 드립니다. 또한 기획, 편집, 출판에 온 힘을 다해주신 정상기획 신규식 대표에게 감사의 뜻을 전해 드립니다. 여러가지로 부족하오나 읽으시는 모든 분들의 일상생활에 조금이라도 활력소가 되신다면 무한한 영광으로 생각하겠습니다.

2024년 11월 중순

양천구 신정동 자택에서

이석두 드림

〈차 례〉

(가)

1. 가갸 뒷자도 모른다

(1) 의미 : 글 자체를 모르는 사람.

(2) 해설 : 한글 순서의 「가갸거겨」에서 가갸만 알고 그 다음은 모른다.

(3) 같은 뜻의 속담

① 낫 놓고 기역자도 모른다.

② 검은 것은 글씨요 흰 것은 종이다.

③ 집게 놓고 A자도 모른다.

④ 고무래 놓고 고무래 J자도 모른다.

⑤ 눈 뜬 장님이다.

⑥ 뜨고도 못 보는 당달 봉사다.

2. 가게 기둥에 입춘대길

(1) 의미 : 경우에 어울리지 않는 모양새

(2) 해설 : 가게 기둥과 입춘대길이라는 고상한 글은 어울리지 않는다.

(3) 같은 뜻의 속담

① 개 발에 朱錫(주석) 편자.

② 돼지우리에 주석 자물쇠.

③ 거적문에 돌쩌귀.

④ 양복 입고 삿갓 쓰기.

(4) 연상되는 속담

① 보리밥에 고추장.

② 도련님에 당나귀.

③ 색시 가마에 강아지 따라간다.

④ 어미 딸이 쌍절구질 하듯.

3. 가까운 데를 가도 점심을 싸가지고 가라

(1) 의미 : 사소한 일을 하게 되더라도 준비를 철저히 하라.

(2) 같은 뜻의 속담

①십리 길에 점심 싸기.

4. 가까운 이웃이 먼 사촌보다 낫다

(1) 의미 : 서로간 인근한 상태에서 친하게 지내면 친인척 못지않다.

(2) 같은 뜻의 속담

① 가까운 이웃이 먼 일가보다 낫다.

② 이웃사촌.

5. 가난 구제는 나라도 못 한다

(1) 의미 : 자기가 필요한 것 자기가 벌어서 마련해야 한다. 즉 자급 자족을 강조하는 속담이다.

(2) 해설 : 가난한 사람 돕는 것은 한도 끝도 없어서 나라가 나서도 뾰족한 방법이 없다.

(3) 같은 뜻의 속담

① 가난 구제는 나라도 어렵다.

② 제 살로 제 때우기.

(4) 연상되는 속담

① 노름 뒤는 대도 먹는 뒤는 안 댄다.

6. 가난이 죄다

(1) 의미 : 나의 선한 마음에 걸맞는 선한 행동을 하려 해도 가난 때문에 그것이 제대로 안 되는 모양.

(2) 같은 뜻의 속담

① 구복이 원수.

② 목구멍이 포도청.

③ 사흘 굶어 도둑질 아니할 놈 없다.

④ 사흘 굶어 군자 없다.

⑤ 사흘 굶어 담 아니 넘을 놈 없다.

⑥ 사흘 굶은 범이 원님을 안다더냐.

7. 가난한 사람은 허리띠가 양식이다

(1) 의미 : 배고픔을 참고 견디어내는 모양.

(2) 해설 : 배고플 때 허리띠를 졸라매면 배고픔의 고통이 잠사나마 줄어든다.

8. 가난한 집 제사 돌아오듯

(1) 의미 : 달갑지 않은 일이 자주 생기는 모양새.

(2) 고사성어 : 貧則多事(빈즉다사).

9. 가는 년이 물 길어다 놓고 가랴

(1) 의미 : 안좋은 일로 그 자리에서 물러나는 사람이 후임자를 위한 배려의 마음 생기기 쉽지 않다.

(2) 해설 : 소박맞고 쫓겨가는 며느리의 솔직한 심정.

(3) 같은 뜻의 속담

① 가는 년이 보리방아 찧어놓고 가냐.

② 가는 년이 세간 사랴.

10. 가는 년이 세간 사랴

▶찾아가기 : 9. 가는 년이 물 길어다 놓고 가랴.

11. 가는 말에 채찍질

(1) 의미 : 잘 하고 있는 사람에게 더욱 잘 하라고 격려하는 것.
(2) 성어 : 走馬加鞭(주마가편).

12. 가는 말이 고와야 오는 말이 곱다

(1) 의미 : 상대방에게 하는 말과 행동은 모름지기 고와야 한다.
(2) 해설 : 당대방에게 거친 말을 해 놓고 고운 말쓰기를 바랄 수는 없다.
(3) 같은 뜻의 속담
① 가는 정이 있어야 오는 정이 있다.
② 가는 떡이 커야 오는 떡이 크다.

13. 가는 방망이 오는 홍두깨

(1) 의미 : 더 큰 보복을 당하는 모양.
(2) 해설 : 방망이로 남을 때리는 것보다 더 큰 홍두깨로 맞고 있으니 더 큰 보복을 당하는 꼴이다.
(3) 같은 뜻의 속담
① 되로 주고 말로 받는다.
② 치러 갔다 맞기가 예사라.
③ 남잡이가 제잡이라.
④ 선 손질 후 방망이.

14. 가는 세월 오는 백발

(1) 의미 : 세월이 가면 사람은 늙게 돼 있고 이것은 누구도 피할 수 없는 인생 여정이다.

15. 가는 토끼 잡으려다 잡은 토끼 놓친다

(1) 의미 : 욕심 부리다 이루어진 일까지 망치는 모양새.

(2) 해설 : 잡은 토끼나 잘 간수해야 하는데 그걸 안하고 가는 토끼를 잡으려 하면 결과는 뻔하다.

(3) 같은 뜻의 속담

① 떼 꿩에 내놓은 매.

16. 가던 날이 장날이다

(1) 의미 : 공교롭게도 일이 잘 풀리는 모양.

(2) 해설 : 무심코 나섰던 장터에서 마침 장날이라 내가 필요했던 물건을 살 수 있었다.

(3) 같은 뜻의 속담

① 술 익자 체 장수 지나간다.

② 주인집 장 없자 나그네 국 싫다 한다.

③ 장모 장 없자 사위 국 싫다 한다.

④ 재수 좋은 과부는 앉아도 요강 꼭지에 앉는다.

⑤ 장수 나자 용마 난다.

⑥ 꽃 피자 임 오신다.

⑦ 순풍에 돛 단 격.

⑧ 대문 턱 높은 집에 정강이 긴 며느리 들어온다.

⑨ 몽둥이 장만하자 도둑 든다.

⑩ 두부집 며느리는 콩 집 딸이라고.

⑪ 재수 좋은 과부는 자빠져도 가지밭에 자빠진다.

⑫ 울고 싶자 매 때린다.

17. 가랑비에 옷 젖는 줄 모른다

(1) 의미 : 의식하지 못할 정도로 조금씩의 낭비가 큰 재산 손실로 귀결된다.

(2) 해설 : 가랑비는 사람이 의식하지 못할 정도의 가벼운 비지만 계속 맞으면 결국 옷은 젖고 만다.

(3) 같은 뜻의 속담

① 숫돌이 저 닳는 줄 모른다.

(4) 성어 : 積羽沈舟(적우침주).

18. 가랑잎에 불붙는다

(1) 의미 : 참을성 없이 쉽게 흥분하는 사람.

(2) 해설 : 인화성 강한 가랑잎에 불붙으면 순식간에 번진다.

(3) 같은 뜻의 속담

① 오뉴월 녹두 껍데기 튀듯.

② 괄기는 인왕산 솔가지라.

③ 공 튀듯 팥 튀듯.

④ 열이 상투 끝까지 오른다.

⑤ 부아가 홀아비 × 일어나듯 한다.

(4) 연상되는 속담

① 한 시를 참으면 백 날이 편하다.

② 참을 인 자 셋이면 살인도 면한다.

19. 가랑잎이 솔잎더러 바스락거린다 한다

(1) 의미 : 자기의 큰 결점에도 불구하고 남의 작은 결점을 탓하는 모양.

(2) 해설 : 바스락거림에서 가랑잎은 솔잎에 비할 바가 아니다. 그럼에도 불구하고 가랑잎이 솔잎의 바스락거림을 나무라고 있다.

(3) 같은 뜻의 속담

① 겨울 바람이 봄 바람 보고 춥다 한다.

② 가마 밑이 노구 밑 보고 검다 한다.

③ 똥 묻은 개가 겨 묻은 개 나무란다.

④ 숯이 검정 보고 검다 한다.

⑤ 거지가 도승지 불쌍타 한다.

20. 가루 가지고 떡 못 만드랴

(1) 의미 : 누구나 다 할 수 있는 것을 이루었다고 자랑하는 자를 나무라는 말.

(2) 해설 : 떡가루로 떡을 만드는 일은 웬만한 여자면 다 할 수 있다. 그런데 그걸 했다고 자랑하는 자를 나무라는 것이다.

(3) 같은 뜻의 속담

① 숟갈은 부엌에 놓고 절구는 헛간에 놓아라.

② 부엌에서 숟가락 찾았다.

21. 가루는 칠수록 고와지고 말은 할수록 거칠어진다

(1) 의미 : 말은 삼가는 것이 최선이다.

(2) 해설 : 상대방과의 다툼에서 말은 막 하면 할수록 거칠어진다.

22. 가루 팔러 가니 바람 불고, 소금 팔러 가니 비 온다

(1) 의미 : 공교롭게도 일이 잘 안 풀리는 모양새.

(2) 해설 : 가루 파는데 바람이 불거나, 소금 파는데 비 오는 것은 장애요인이다. 그런 일이 공교롭게 동시에 일어난다.

(3) 같은 뜻의 속담

① 노처녀 시집가는 날 등찬 난다.

② 계집 때린 날 장모님 오신다.

③ 부아 돋은 날 의붓애비 온다.

④ 팔자가 사나우려니 의붓아들이 맏이라.

⑤ 개똥에 미끄러지고 소똥에 코 박는다.

⑥ 안되는 놈은 뒤로 자빠져도 코가 깨진다.

⑦ 재수 없는 포수 곰을 잡아도 웅담이 없다.

⑧ 재수 없는 과부 누워도 고자 곁에 눕는다.

⑨ 재수 없는 여자 뚝배기 깨고 장 쏟고 ×× 데고 서방한테 매 맞는다.
⑩ 도둑맞으려면 개도 안 짖는다.
⑪ 십 년 과수로 앉았다가 고자 대감 만난다.
⑫ 나귀를 구함에 샌님이 없고 샌님을 구함에 나귀가 없다.
⑬ 원수는 외나무 다리에서 만난다.

23. 가림이 있어야 의복이라 한다

(1) 의미 : 거기에 맞는 역할 내지 구실을 해야 거기에 맞는 대우를 받는다.
(2) 해설 : 옷의 고유기능은 우선 몸을 가리는 것이고 그 기능을 못 하면 의복으로서의 가치가 없다.
(3) 같은 뜻의 속담
① 꿩 잡는 게 매.
② 고치를 치는 게 누에.

24. 가마솥이 노구솥더러 검다 한다

▶찾아가기 : 19, 가랑잎이 솔잎더러 바스락거린다 한다.

25. 가마 타고 시집가기는 콧집이 영 글러졌다

(1) 의미 : 일이 다 틀어져 더 이상 추진이 불가능하다.
(2) 해설 : 콧집은 가마를 보관하는 장소. 여기서 언급된 시집가는 여자는 순결을 상실한 여자라는 의미.
(3) 같은 뜻의 속담
① 도둑묘에 잔 부었다.
② 북두칠성이 영 글러졌다.
③ 미친 개 다리 틀렸다.
④ 싹수가 노랗다.

26. 가만히 먹으라니까 뜨겁다 한다

(1) 의미 : 남의 약점을 교묘히 이용하는 것.

(2) 해설 : 조용히 먹으라는 상대방의 언질에 조용히 먹기는 고사하고 뜨겁다고 하면서 상대방의 심기를 불편하게 한다.

(3) 같은 뜻의 속담

① 무섭다니까 바스락거린다.

② 가만히 먹으라니까 냠냠 하면서 먹는다.

③ 가만히 먹으라니까 큰 기침 하면서 먹는다.

27. 가뭄에 단비

(1) 의미 : 아쉬울 때 아쉬운 것이 이루어져가는 모양새.

28. 가뭄 끝은 있어도 물 난 끝은 없다

(1) 의미 : 비가 안와서 가뭄 타는 것도 힘들지만 비가 너무 많이 와서 물난리를 겪는 것은 더 큰 손해를 끼친다.

(2) 같은 뜻의 속담

① 가뭄 끝은 있어도 장마 끝은 없다.

② 칠 년 대한엔 살아도 석 달 장마엔 못산다.

③ 삼 년 가뭄엔 살아도 석 달 장마엔 못산다.

29. 가슴에 못을 박는다

(1) 의미 : 잊혀지지 않을 원통한 행위를 당하거나 잊혀지지 않을 막말을 상대방으로부터 듣는 것.

(2) 같은 뜻의 속담

① 한 말은 삼 일, 들은 말은 삼 년 간다.

② 웃으며 한 말에 초상난다.

③ 혀 아래 도끼 들었다.

30. 가을 더위와 노인 건강은 믿을 수가 없다

(1) 의미 : 가을이란 계절은 바로 추운 겨울로 진입하는 계절이니 일시적 더위도 바로 추위로 돌변할 수 있고 노인은 건강하더라도 늙어가는 과정이니 언제 어떻게 건강이 악화될지 모른다.

(2) 같은 뜻의 속담

① 바닷물 고운 것과 여자 얼굴 고은 것은 믿을 수가 없다.

② 못 믿을 건 굵은 × 구멍

31. 가을 메뚜기처럼 안고 죽자 업고 죽자 한다

(1) 의미 : 이성 간에 열렬한 애정을 표시하는 모양.

(2) 해설 : 추수기 논에서는 메뚜기들이 쌍쌍으로 안고 업고 애정을 만끽하고 있다.

32. 가을바람은 총각 바람, 봄바람은 처녀 바람

(1) 의미 : 가을이란 계절은 총각들의 처녀에 대한 그리움이 가장 강렬한 계절이고, 봄은 처녀들의 총각에 대한 그리움이 가장 강렬한 계절이다.

(2) 연상되는 속담

① 가을 ×이 쇠판을 뚫고 봄 ××가 쇠저를 녹인다.

33. 가을비는 영감 나루 밑에서도 피한다

(1) 의미 : 가을에 오는 비는 억수로 오는 비는 없다.

(2) 해설 : 영감 나루는 남편의 수염 밑에서도 피할 수 있다는 것이니 아무리 비가 여러 번 와도 대단치 않다는 말.

34. 가자니 태산이요 돌아서자니 숭산이라

(1) 의미 : 이렇게 할 수도 없고 저렇게 할 수도 없는 모양.

(2) 해설 : 태산은 중국 산동성에 있는 큰 산, 숭산은 중국하남성에 있는 큰 산.

(3) 같은 뜻의 속담

① 빼지도 못하고 박지도 못한다.

② 굽도 젖도 못한다.

③ 잡은 범의 꼬리 계속 잡지도 못하고 놓지도 못한다.

④ 속곳 벗고 함지박에 들었다.

⑤ 안팎이 곱사등이다.

⑥ 죽지도 못하고 살지도 못한다.

35. 가재 걸음

(1) 의미 : 진척이 느리다.

36. 가재는 작아도 돌을 진다

(1) 의미 : 작은 것 자체를 탓하지 마라.

(2) 해설 : 가재는 작은 몸집이나 큰 돌을 지고 있다.

(3) 같은 뜻의 속담

① 여자는 작아도 남자를 안는다.

② 작은 고추가 맵다.

③ 제비는 작아도 강남을 간다.

④ 개미는 작아도 탑을 쌓는다.

⑤ 거미는 작아도 줄만 잘 친다.

⑥ 메기 눈은 작아도 저 먹을 건 다 본다.

⑦ 넙치 눈은 작아도 저 먹을 건 다 본다.

⑧ 뱀장어 눈은 작아도 저 먹을 건 다 본다.

37. 가죽이 모자라 눈을 만들었나

(1) 의미 : 볼 수 있는 것을 못보는 사람을 나무라는 것.

38. 가지 많은 나무 바람 잘 날 없다

(1) 의미 : 자식 많이 둔 부모의 고난.

(2) 같은 뜻의 속담

① 새끼 많은 소 길마 벗을 날 없다.

② 지네 발에 신 신킨다.

③ 자식 많은 에미 허리 펼 날 없다.

39. 가진 게 없으면 망건 꼴이 나쁘다

(1) 의미 : 주머니가 비면 말과 행동이 위축을 받고 그로 인해 모습이 추하게 보인다.

40. 가타부타 말이 없다

(1) 의미 : 수긍한다는 건지 부정한다는 건지 도대체 대답이 없다.

41. 가화만사성이라

(1) 의미 : 가족, 가정 관계에서 일어나는 일들이 순조로이 풀리면 모든 일이 다 순조로이 풀린다.

(2) 성어 : 家和萬事成(가화만사성).

(3) 연상되는 속담

① 육친이 불화하면 집안이 망한다.

42. 간다 간다 하면서 아이 셋 낳고 간다

(1) 의미 : 벼르기만 하고 실행이 더딘 모양새.

(2) 해설 : 부부간 다툼 끝에 아내가 이혼하겠다 해 놓고는 아이를 셋이나 더 낳은 후 겨우 실행한다.

43. 간에 기별도 안간다

(1) 의미 : 음식 양이 너무 적어 먹은둥 만둥이다.

44. 간이 콩알만 해진다

(1) 의미 : 크게 놀란 모양새.

45. 갈 데는 많은데 오라는 데가 없다

(1) 의미 : 반겨주는 사람 없는 따분한 신세.

46. 갈보도 신명이 나야 물이 나오고 개도 발에 땀이 나야 뛴다

(1) 의미 : 무슨 일이든 자극제가 있으면 일이 수월하게 이루어진다.

47. 감나무 밑에서 감 떨어지길 기다린다

(1) 의미 : 그에 걸맞는 노력 없이 좋은 결과가 나오기만 기대하는 자를 나무라는 것.

(2) 같은 뜻의 속담

① 누운 나무에 열매 안 연다.

48. 감나무 밑에서 갓 고쳐 쓰지 말고 외밭에서 신발 끈 동이지 마라

(1) 의미 : 남에게 오해받을 행위는 아예 하지를 마라.

(2) 해설 : 감나무 밑에서 갓 고쳐쓰는 행위는 감을 따는 행위로 오해받을 수 있고 외밭에서 신발 끈을 동이는 행위는 외를 따는 행위로 오해받을 수 있다.

49. 감은 늦은 감이 더 달고 바람은 늦바람이 더 세다

(1) 의미 : 남자가 늦은 나이에 바람나면 바로잡기 힘들다.

(2) 같은 뜻의 속담

① 늦바람이 곱새를 벗긴다.

(3) 연상되는 속담

① 차돌에 바람 들면 삼만리를 날아간다.

② 열녀 과부 바람 나면 강 건너 고자까지 코피 터진다.

50. 갑갑한 놈이 송사한다

(1) 의미 : 아쉬운 자가 그에 관해 먼저 행동해야 한다.

(2) 해설 : 법적 다툼에서 아쉬운 쪽에서 먼저 소송을 제기하게 되는 모양.

(3) 같은 뜻의 속담

① 목마른 자가 우물 판다.

② 입이 밥 빌어오지 발이 밥 빌어오나.

(4) 연상되는 속담

① 관 쓴 거지 얻어먹지 못한다.

51. 값싼 게 비지떡

(1) 의미 : 값이 싼 물건엔 흠이 있을 가능성이 크다.

(2) 같은 뜻의 속담

① 값싼 것이 보리술.

52. 강 건너간 놈 지팡이 팽개치듯

(1) 의미 : 아쉬울 때의 행태와 아쉬움이 해결된 후의 행태가 달라지는 것을 나무라는 것.

(2) 같은 뜻의 속담

① 토끼를 잡으면 사냥개를 잡는다.

② × 누러 갈 때 다르고 나올 때 다르다.

53. 강 건너 불구경

(1) 의미 : 나와 직접적인 관련이 없어 무관심한 태도를 취하는 것.

(2) 같은 뜻의 속담

① 남의 굿 보듯.
② 남의 소 들고 뛰는 건 구경거리.
③ 오초 흥망이 내 알 바 아니다.

(3) 성어 : 袖手傍觀(수수방관).

54. 강 건너 시애비 ×이다

(1) 의미 : 외도를 의심받는 여자의 항변.
(2) 해설 : 외도(바람)를 의심받는 여자가 강건너 시애비 ×까지 언급하며 자기의 정절을 호소하고 있다.

55. 강계 여자면 다 미인인가

(1) 의미 : 아무리 훌륭해도 한두 가지 흠은 있게 마련이다.
(2) 해설 : 강계는 미인이 많이 태어나는 고장이다. 그렇더라도 강계에서 태어난 여자가 다 미인일 수는 없다.
(3) 같은 뜻의 속담

① 경주 돌이면 다 옥돌인가.
② 옥에도 티가 있다.
③ 백미에도 뉘가 있다.
④ 처녀면 다 확실한가.
⑤ 감사면 다 평양감사냐.
⑥ 기생이면 다 평양기생이냐.
⑦ 현감이면 다 과천현감이더냐.

56. 강원도 삼척이라

(1) 의미 : 방이 차디 차다.
(2) 해설 : 옛날 정부기관의 하나였던 금군삼청(禁軍三廳)에는 불을 안때서 매우 추웠었고 그 삼청이 삼척으로 이름이 바뀐 것.
(3) 같은 뜻의 속담

① 춥기는 삼청 냉돌이라.

② 죽은 놈의 콧김 만도 못하다.

③ 강원도 안가도 삼척.

57. 강철이 달면 더 뜨겁다

(1) 의미 : 조용하고 얌전한 자가 열 받으면 더 무섭다.

(2) 같은 뜻의 속담

① 무쇠도 달면 어렵다.

② 김 안나는 숭늉이 더 뜨겁다.

③ 무는 개는 짖지 않는다.

(3) 연상되는 속담

① 소도 화낼 때가 있다.

② 부처님도 화낼 때가 있다.

③ 지렁이도 밟으면 꿈틀 한다.

④ 고인 물도 밟으면 치솟는다.

⑤ 한 치 벌레도 오 푼 결기가 있다.

⑥ 굼뱅이도 밟으면 꿈틀 한다.

58. 같은 값이면 다홍치마

(1) 의미 : 같은 조건이라면 나에게 더 유리한 것을 취한다.

(2) 같은 뜻의 속담

① 같은 값이면 과부집 머슴살이.

② 같은 값이면 은가락지 낀 손에 맞는다.

③ 같은 값이면 검정 소 잡아먹는다.

④ 이왕이면 창덕궁.

59. 같잖은 국에 입천장 덴다

(1) 의미 : 하찮게 보이던 자에게 당했다.

(2) 같은 뜻의 속담

① 같잖은 풀에 눈 찔렸다.
② 개미에게 하문 물렸다.
③ 우습게 본 나무에 눈 걸린다.

60. 개가 개를 낳는다

(1) 의미 : 나쁜 것이 유전되는 모양새.
(2) 해설 : 나쁜 행동을 하는 개가 나쁜 행동을 하는 개를 낳는 것.
(3) 같은 뜻의 속담
① 그 애비에 그 자식.

61. 개가 미워서 낙지 산다

(1) 의미 : 내가 의도한 바를 행하되 내가 싫어하는 자가 혜택 받는 일은 피해서 행한다.
(2) 해설 : 고기가 먹고 싶어서 고기를 사려 한다. 그래서 일단 쇠고기, 돼지고기를 생각해 본다. 그런데 쇠고기나 돼지고기를 요리해서 먹고 난 다음 남는 뼈는 내다 버려야 한다. 그러면 내다 버린 뼈다귀는 개가 먹게 된다. 그런데 개가 밉다. 그래서 같은 고기를 취하면서도 뼈다귀 없는 낙지를 선택한다.
(3) 같은 뜻의 속담
① 굿 하고 싶어도 맏며느리 춤추는 꼴 보기 싫다.

62. 개 같이 벌어서 정승같이 써라

(1) 의미 : 벌 때는 행위의 귀천 가리지 말고 열심히 벌고, 벌었으면 보람 있는 곳에 보람 있게 써라.
(2) 같은 뜻의 속담
① 번 자랑 말고 쓴 자랑 하라.

63. 개구리도 움쳐야 뛴다

(1) 의미 : 무슨 일을 이루고자 할 때는 그에 걸맞는 준비를 해야 한다.

(2) 같은 뜻의 속담

① 거미도 줄을 쳐야 벌레를 잡는다.

② 새도 깃을 쳐야 날아간다.

③ 터를 닦아야 집을 짓는다.

④ 하늘을 봐야 별을 따지.

⑤ 님을 봐야 애를 낳지.

⑥ 서울에 가야 과거 급제를 하지.

⑦ 산에 가야 범을 잡지.

⑧ 바다에 가야 고기를 잡는다.

⑨ 잠을 자야 꿈을 꾼다.

⑩ 죽어 봐야 저승을 안다.

64. 개구리 올챙이 적 생각 못 한다

(1) 의미 : 어려웠을 때를 생각 못 하면서 형편이 나아지니 거만해지는 모양새.

(2) 같은 뜻의 속담

① 며느리 늙어 시에미 된다.

② 종이 종을 부리면 식칼로 형문을 친다.

③ 뱃때가 벗었다.

④ 복장이 뜨의미하니 생시가 꿈인 줄 안다.

65. 개구리 주저앉은 의미는 멀리 뛰자는 의미이다

(1) 의미 : 어떤 일을 이루고자 하는 준비 태세.

(2) 같은 뜻의 속담

① 굼뱅이가 지붕에서 떨어질 땐 다 생각이 있어서다.

② 굼뱅이가 지붕에서 떨어질 땐 매미 될 속셈에서다.

66. 개구멍 서방

(1) 의미 : 떳떳하지 못하게 얻은 서방.
(2) 해설 : 떳떳한 절차 없이 이루어진 서방이니 떳떳이 대문으로 출입할 수 없고 개구멍으로나 출입해야 할 것이다.

67. 개 꼬리 삼 년 묻어 황모 안된다

(1) 의미 : 나쁘게 길들여진 습성 고치기 힘들다.
(2) 같은 뜻의 속담
① 세 살적 버릇 여든 까지 간다.
② 제 버릇 개 못준다.
③ 제 버릇 남 못준다.
④ 집에서 새는 바가지 나가서도 샌다.
⑤ 들어서 죽 쑨 놈 나가서도 죽 쑨다.
⑥ 경상도에서 죽 쑨 놈 전라도 가서도 죽 쑨다.
⑦ 검은 색엔 물감이 들지 않는다.
⑧ 굽은 지팡이는 그림자도 굽어 보인다.
⑨ 각 관 기생 열녀 안된다.

68. 개 꾸짖듯 한다

(1) 의미 : 심하게 나무란다.

69. 개 눈엔 똥만 보인다

(1) 의미 : 관심 있는 것만 보인다. 관심 없으면 보이지도 않는다.
(2) 같은 뜻의 속담
① 미친 개 눈에는 몽둥이만 보인다.

70. 개도 꼬리를 흔들며 제 잘못을 뉘우친다

(1) 의미 : 부끄러운 행동에도 불구하고 뻔뻔한 행태를 나무람.

(2) 같은 뜻의 속담

① 족제비도 낯짝이 있다.

② 벼룩(모기)도 낯작이 있다.

③ 빈대도 콧등이 있다.

④ 미꾸라지도 밸통이 있다.

⑤ 낯가죽이 두껍다.

⑥ 상판때기가 꽹과리 같다.

⑦ 뻔뻔하기가 양푼 밑구멍 같다.

71. 개도 나갈 구멍을 보고 쫓아라

(1) 의미 : 사람을 나무라더라도 막다른 골목에 이르도록 몰아붙이진 마라.

72. 개똥도 약에 쓰려면 없다

(1) 의미 : 그 때 필요치 않은 물건. 막상 필요해서 찾으면 찾기 힘든 모양새.

(2) 같은 뜻의 속담

① 까마귀 똥도 열닷냥 하면 물에 깔린다.

② 산 닭 주고 죽은 닭 바꾸기도 어렵다.

73. 개똥밭에 굴러도 이승이 좋다

(1) 의미 : 사람은 죽으면 모든게 끝난다. 아무리 괴로워도 일단 살고 봐야 한다.

(2) 같은 뜻의 속담

① 거꾸로 매달려도 사는 세상이 좋다.

② 죽은 정승이 산 개만 못하다.

③ 소여 대여에 죽어가는 것이 헌 옷 입고 볕에 앉은 것만 못하다.

④ 죽어 술 석 잔이 살아 술 한 잔만 못하다.

74. 개 못된 것 들에 나가 짖는다

(1) 의미 : 못된 놈이 못된 짓 하는 모양새.

(2) 해설 : 개의 주된 임무는 도둑이 들 때 '짖음'으로써 그걸 주인에게 알리는 것인데, 들에 나가서 짖고 있다.

(3) 같은 뜻의 속담

① 양반 못된 것 장에 가 호령한다.

② 양반 못된 것 남의 집 안방으로만 돈다.

(4) 연상되는 속담

① 다리 부러진 장수 성 안에서 호령한다.

② 이불 속에서 활개친다.

75. 개 뭣 마냥 불쑥 불쑥 내놓는다

(1) 의미 : 불쑥 불쑥 일 저지르는 모양새

(2) 해설 : 숫캐들은 어디에 앉든지 자기 성기를 불쑥 불쑥 내놓는 습성이 있다.

(3) 같은 뜻의 속담

① 아닌 밤중에 홍두깨.

② 자다가 봉창 두드린다.

76. 개 미친다고 소까지 미칠소냐

(1) 의미 : 남의 선동에 휩쓸리지 않으련다.

77. 개미는 작아도 탑을 쌓는다

▶찾아가기 : 36, 가재는 작아도 돌을 진다.

78. 개 발에 편자

▶찾아가기 : 2, 가게 기둥에 입춘대길.

79. 개 보름 쇠듯

(1) 의미 : 궁핍해 명절도 제대로 치루지 못하는 모양새

(2) 해설 : 정월대보름 날에는 개를 굶기는 풍습이 있었다.

80. 개새끼는 짖고 고양이 새끼는 할퀸다

(1) 의미 : 개의 본성은 짖는 것, 고양이의 본성은 할퀴는 것.

81. 개 × 한나절에 안 미치는 과부 없다

(1) 의미 : 과부의 성욕 억제는 쉽지 않다.

82. 개 주자니 아깝고 저 먹자니 싫다

(1) 의미 : 인간의 이기적 본성의 한 단면.

(2) 해설 : 먹을 만한 음식이기에 개 주기는 아깝다. 그런데 내가 먹기는 싫다. 그러면 다른 필요한 사람에게 주기라도 해야 하는데 그렇게도 안 하고 있다.

83. 거꾸로 매달려도 이승이 좋다

▶찾아가기 : 73, 개똥밭에 굴러도 이승이 좋다.

84. 거지도 부지런해야 더운 밥 얻어먹는다

(1) 의미 : 사람은 모름지기 부지런해야 한다.

(2) 해설 : 거지가 게으르면 얻어먹어 봤자 찬밥 밖에 없을 것이다.

85. 거짓말은 사흘 못 간다

(1) 의미 : 거짓말은 금세 탄로날 수밖에 없다.

(2) 해설 : 과거의 일을 있었던 사실대로 기억하는 것은 쉽다. 그것은 일어났던 그대로의 기억이니까. 그러나 일어났던 과거의 일을 다르게 꾸몄다. 그리고 다르게 꾸민 것을 뇌

에 저장해 봤자 꾸며낸 것이기에 저장이 안된다. 그리고 그 일어났던 일을 세 번째 언급할 때는 두 번째 꾸민 말과는 또 다른 말을 하게 되어 바로 거짓임이 탄로나고 만다.

(3) 같은 뜻의 속담

① 거짓말은 새끼를 친다.

② 구멍은 깎을수록 커진다.

86. 거짓말은 새끼를 친다

▶찾아가기 : 85, 거짓말은 사흘 못 간다.

87. 걱정도 팔자

(1) 의미 : 쓸데없는 걱정을 하고 있다.

(2) 같은 뜻의 속담

① 남이 떡 먹는데 팥고물 떨어지는 걱정 한다.

② 마당 터진데 솔 뿌리 걱정한다.

③ 달걀 지고 성 밑으론 못 가겠다.

④ 자도 걱정 먹어도 걱정.

(3) 연상되는 속담

① 더부살이 주제에 안방마님 속곳 베 걱정한다.

② 더부살이 주제에 주인장 따님 혼수 걱정한다.

③ 이웃집 과부 애 낳는데 미역국 걱정한다.

④ 한데 앉아서 응달 걱정한다.

⑤ 거지가 도승지 불쌍타 한다.

88. 걸음아 날 살려라

(1) 의미 : 도망가는 사람의 다급한 심정.

(2) 같은 뜻의 속담

① 오금아 날 살려라.

② 종지굽아 날 살려라.
③ 다리야 날 살려라.
(3) 연상되는 속담
① 삼십육계 줄행랑이 으뜸.

89. 검거든 얽지나 말고 시거든 떫지나 말아야지

(1) 의미 : 단점 투성이.
(2) 같은 뜻의 속담
① 구멍 투성이에 부스럼 투성이.
(3) 연상되는 속담
① 봉산 참배는 물이나 있지.
② 백미에는 뉘나 있지.
③ 옥에는 티나 있지.

90. 검둥개 목욕 시킨 듯

(1) 의미 : 열심히 일했는데도 일한 표시가 안난다.
(2) 해설 : 검둥개는 원래가 검다. 그 개를 아무리 깨끗이 목욕시켜도 검은 것은 그대로다. 즉 목욕시킨 노력의 표시가 안 난다.
(3) 같은 뜻의 속담
① 소라 껍질은 까먹어도 한 바구니 안 까먹어도 한 바구니.

91. 검은 머리 가진 짐승은 구제하지 마라

(1) 의미 : 남의 은혜를 받고 그 은공을 모르는 자는 인간으로 취급하지 마라.
(2) 해설 : 여기 언급된 검은 머리 가진 짐승은 남의 공을 모르는 사람. 그런 사람은 아예 사람으로 대우하지 말아라.
(3) 같은 뜻의 속담
① 사람은 구하면 앙분을 하고 짐승은 구하면 은혜를 안다.

② 인간 구제는 지옥 늦이라.

③ 설한 동풍아 불어라. 너는 아무리 세차게 불어도 인간의 배은 망덕보단 낫다.

(4) 연상되는 속담

① 개도 닷새가 되면 주인을 안다.

② 개도 부끄러우면 꼬리를 흔든다.

③ 말도 부끄러우면 땀을 흘린다.

④ 結草報恩(결초보은).

92. 검은 머리 파 뿌리 되도록

(1) 의미 : 일평생 동안.

(2) 해설 : 여기에 언급된 검은 머리는 혼인 당시의 신랑신부의 머리 색. 여기에 언급된 파 뿌리는 원만한 결혼생활한 노년의 머리 색. 즉 결혼생활을 원만히 하라는 주례인의 주례사의 하나다.

(3) 같은 뜻의 속담

① 평생 지팽이.

93. 곁보리 서 말만 있으면 처가살이 안한다

(1) 의미 : 처가 내지 사돈집에 신세지는 것은 심히 부끄러운 일.

(2) 같은 뜻의 속담

① 빌어 먹기로 사돈집 신세 지랴.

② 처가살이는 오장 육부를 빼놓고 해라.

③ 처가살이 10년에 등신 안되는 놈 없다.

94. 게걸음 친다

(1) 의미 : 퇴보한다.

95. 게도 구럭도 다 잃었다

(1) 의미 : 큰 손해를 입었다.

(2) 해설 : 구럭은 게잡이 할 때 쓰는 기구. 그 구럭과 함께 담겨있던 게까지 다 잃는 상황.

(3) 같은 뜻의 속담

① 꿩도 잃고 매도 잃었다.

96. 게도 제 구멍이 아니면 안 들어간다

(1) 의미 : 바람 피우는 남자를 나무라는 것.

(2) 해설 : 게는 절대로 자기가 만들어 놓은 구멍 이외의 다른 구멍으로는 들어가는 법이 없다.

(3) 같은 뜻의 글

① 네 이웃의 아내를 탐하지 말라(성경).

(4) 연상되는 속담

① 도라지 못된 것이 양바위 틈에서 난다.

97. 게 새끼는 집고 고양이 새끼는 할퀸다

(1) 의미 : 흉악한 천성은 고치기 힘들다.

(2) 해설 : 게 새끼가 집고 고양이 새끼가 할퀴는 것은 게와 고양이의 본능으로 이루어지는 행위이지만 인간관계에서 볼 때는 흉악한 행동으로 해석된다.

(3) 같은 뜻의 속담

① 개는 나면서부터 짖는다.

(4) 연상되는 속담

① 개 꼬리 삼 년 묻어 황모 안된다.

98. 게으른 년 섣달 그믐날 빨래한다

(1) 의미 : 부지런하지 못한 여자 나무라는 것.

(2) 해설 : 섣달은 12월, 그믐날은 31일. 일 년 내내 게으름을 피우다 그 해 마지막 날 빨래를 한다.

99. 게으름과 거지는 사촌이다

(1) 의미 : 게으른 사람 가난 면치 못한다.
(2) 연상되는 속담
① 부지런한 부자 하늘도 못 막는다.

100. 겨울의 털 옷

(1) 의미 : 계절에 맞는 옷

101. 격강이 천리

(1) 의미 : 가까이 살면서도 친근하게 지내지 못하고 있는 모양새.
(2) 해설 : 격강은 바로 쉽게 건널 수 있는 강이라는 뜻인데, 그 강이 천리 떨어진 강으로 생각된다는 말.
(3) 같은 뜻의 속담
① 간이 천리라.
② 지척이 천리.

102. 결초보은

(1) 의미 : 입은 은혜 잊지 않고 갚는다.
(2) 成語 : 시안진물념수시진물망.

103. 경복궁 메 방아 공사

(1) 의미 : 유난스러운 남녀간의 애정 행위.
(2) 해설 : 흥선대원군 집정시대에 경복궁 복원공사를 했는데 이때 터 다지는 소리가 유난스럽게 컸었다.

104. 경신년 글강 외듯

(1) 의미 : 신신당부. 간곡하게 부탁하는 것.

105. 경우가 무경우다

(1) 의미 : 이치에 맞지 않음이 도를 지나쳤다.

(2) 연상되는 속담

① 육법에 무법 불법 팔법을 쓴다.

② 되는 것도 없고 안되는 것도 없다.

106. 경주 돌이면 다 옥돌인가

(1) 의미 : 아무리 훌륭하더라도 예외가 한두 개씩은 있게 마련이다.

(2) 해설 : 경주 지역은 옥돌 생산을 제일 많이 하는 고장이다. 그렇다 해도 경주에서 생산되는 돌 전부가 옥돌은 아니다.

(3) 같은 뜻의 속담

① 강계 여자면 다 미인인가.

② 옥에도 티가 있다.

③ 백미에도 뉘가 있다.

④ 처녀면 다 확실한가.

107. 계란이나 달걀이나

(1) 의미 : 명칭만 다르지 물건은 똑같은 물건.

(2) 같은 뜻의 속담

① 건시나 감이나.

② 동태나 북어나.

③ 명태나 북어나.

④ 오른쪽 궁둥이나 왼쪽 궁둥이나.

(3) 연상되는 속담

① 가로지나 세로지나.

② 둘러치나 메치나.

가

108. 계집의 악담은 오뉴월에도 서리가 내린다

(1) 의미 : 여자가 악담하는 것은 독하디 독하다.

(2) 해설 : 5,6월은 따뜻한 계절인데 서리가 내린다. 여자의 악담이 얼마나 독했으면.

(3) 같은 뜻의 속담

① 동서 시집살이는 오뉴월에도 서리가 내린다.

② 여자의 악담은 오뉴월에도 서리가 내린다.

③ 여자의 곡한 마음은 오뉴월에도 서리가 내린다.

④ 여자의 악담은 무쇠도 녹인다.

109. 계집 입 싼 것

(1) 의미 : 진중하지 못하고 함부로 말하는 여자를 나무라는 것.

110. 계집아이 오라비 하니 사내도 오라비 한다

(1) 의미 : 주관 없이 따라한다.

(2) 해설 : 오라비는 여자가 남자를 부르는 호칭이다. 그런데 남자도 「오라비」라고 하고 있다.

(3) 같은 뜻의 속담

① 숭어가 뛰니 망둥어도 뛴다.

② 학이 곡곡 우니 황새도 곡곡 운다.

③ 남이 장 간다 하니 거름지고 나선다.

④ 남이 은장도를 차니 나는 식칼을 찬다.

⑤ 남의 장단에 춤춘다.

⑥ 새 오리 장가가면 헌 오리 나도 간다.

⑦ 거문고 인 놈 춤추면 칼 쓴 놈도 춤춘다.

⑧ 장인이 이녁 하니 사위도 이녁 한다.

(4) 성어 : 부화뇌동(附和雷同)

(5) 연상되는 속담

① 개 미친다고 소까지 미칠소냐.

111. 고기는 씹어야 맛, 말은 해야 맛, 님은 품어야 맛

(1) 의미 : 의사표현의 중요성을 강조하는 말.

(2) 해설 : 인용된 예시는 고기, 말, 님이다. 그중 가장 강조되는 것은 「말(언어)」로 해석된다.

(3) 연상되는 속담

① 벙어리 속은 제 어미도 모른다.

② 말 안하면 귀신도 모른다.

112. 고니의 날개는 물에 젖지 않는다

(1) 의미 : 인품이 훌륭한 자는 나쁜 짓에 휘말리지 않는다.

(2) 같은 뜻의 속담

① 기러기 털은 물에 젖지 않는다.

② 호박은 더러운 먼지 빨아들이지 않는다.

③ 조개 껍질은 녹슬지 않는다.

(3) 연상되는 속담

① 따오기는 멱을 감지 않아도 희다.

② 싸고 싼 사향도 냄새난다.

113. 고래 싸움에 새우 등 터진다

(1) 의미 : 강자간 싸움에 약자가 피해를 입는다.

(2) 같은 뜻의 속담

① 두꺼비 싸움에 파리 치인다.

(3) 연상되는 속담

① 황새와 조개 싸움에 어부가 이득을 본다.

② 시앗 싸움에 요강장수라.

114. 고려적 잠꼬대

(1) 의미 : 현실과 맞지 않음을 일컫는 말
(2) 연상되는 속담
① 호랑이 담배 피던 시절

115. 고리짝도 짝이 있고 맷돌도 짝이 있고 헌 짚신짝도 짝이 있다

(1) 의미 : 아무리 못났어도 어디엔가 배필은 있게 마련이다.
(2) 같은 뜻의 속담
① 곰배팔이 장치 다리도 제 짝이 있다.

116. 고물 모자라는 떡 없다

(1) 의미 : 경제 여건 등 생활이 어렵더라도 꾸려나갈 방법은 생기게 마련이다.
(2) 같은 뜻의 속담
① 사흘을 굶으면 양식 지고 오는 놈이 있다.

117. 고사리도 꺾을 때 꺾어야 한다

(1) 의미 : 적시의 기회를 놓치지 말라.
(2) 같은 뜻의 속담
① 술도 괼 때 걸러야 한다.
② 쇠도 달았을 때 쳐야 한다.
③ 종기도 곪았을 때 짜야 한다.
④ 장마다 꼴뚜기 날까.
⑤ 쇠뿔도 단김에 빼라.
(3) 연상되는 속담
① 도둑 맞고 사립문 고친다.
② 소 잃고 외양간 고친다.
③ 굿 뒤에 날장구 친다.

④ 사또 떠난 뒤 나팔 분다.
⑤ 열흘 잔치에 열하루 병풍 친다.
⑥ 기차 떠난 뒤 손 든다.
⑦ 수수밭 삼 밭 다 지내고 잔디밭에서 졸라댄다.

118. 고생 끝에 낙이 있다

(1) 의미 : 힘든 일 이겨내면 즐거움이 오게 돼 있다.
(2) 같은 뜻의 속담
① 태산을 넘으면 평지를 본다.
② 오르막이 있으면 내리막이 있다.
③ 구름이 지나가면 해를 본다.
④ 대한 끝에 양춘이 있다.
⑤ 고생 끝에 낙이 오고 즐거움을 다하면 슬픔이 온다.
(3) 성어 : 고진감래(苦盡甘來)
(4) 연상되는 속담
① 산전 수전 공중전 다 겪었다.
② 만고풍상 다 겪었다.
③ 단 맛 쓴 맛 다 보았다.
④ 밤송이 우엉송이 다 찔려봤다.
⑤ 마른 땅 진 땅 다 다녀 봤다.
⑥ 말 갈 데 소 갈 데 다 다녀봤다.
⑦ 대 끝에서 삼 년 버텼다.
⑧ 눈 위에 서리(雪上加霜).
⑨ 산 너머 산.
⑩ 산 너머 준령.
⑪ 갈수록 태산.
⑫ 산은 넘을수록 높고 물은 건널수록 깊다.
⑬ 채인 발 또 채인다.

⑭ 엎친데 덮친 격.
⑮ 마디에 옹이.
⑯ 하품에 딸꾹질.
⑰ 기침에 재채기.
⑱ 국 쏟고 뚝배기 깨고 ×× 데고 서방한테 매 맞는다.

119. 고수관 하문속 알듯

(1) 의미 : 어느 특정 분야에 해박한 지식을 가진 사람
(2) 해설 : 이조시대 충남 해미에 살던 고수관이란 관리가 살았는데 이자는 여자의 모든 것을 해박하게 알고 있었다.

120. 고슴도치도 제 새끼는 함함하다 한다

(1) 의미 : 부모의 자식 사랑은 한결같다.
(2) 같은 뜻의 속담
① 호랑이도 새끼 둔 곳은 돌아본다.
② 범도 제 새끼 곱다 하면 물지 않는다.

121. 고양 밥 먹고 양주 구실

(1) 의미 : 일할 곳이 아닌 엉뚱한 곳의 일을 한다.
(2) 같은 뜻의 속담
① 내 밥 먹고 한댁 방아.

122. 고양이 목에 방울 달기

(1) 의미 : 실행이 불가능한 空論 형태의 방법
(2) 해설 : 쥐들이 모여 회의를 하며 고양이 목에 방울을 달아 고양이 오는 것을 감지토록 하자고 했지만 그걸 솔선해서 실천할 쥐가 없다.

123. 고양이에게 반찬가게 맡기는 격

(1) 의미 : 헛수고가 된 방법

(2) 해설 : 고양이에게 반찬가게를 맡겨 놓으면 그 반찬을 다 먹어치울 것이다.

(3) 같은 뜻의 속담

① 호랑이에게 개 꾸어준 셈.

② 도둑놈에게 열쇠 맡긴다.

124. 고와도 내 님 미워도 내 님

(1) 의미 : 뭐니뭐니 해도 내 남편 내 아내가 제일이다.

(2) 같은 뜻의 속담

① 이 방 저 방 해도 서방이 제일이고 이 집 저 집 해도 계집이 제일이다.

② 곪아도 젓국이 좋고 늙어도 영감이 좋다.

125. 고운 사람 멱을 씌워도 곱다

▶찾아가기 : 126, 고운 사람 미운 데 없다.

126. 고운 사람 미운 데 없다

(1) 의미 : 한 번 그자의 행실을 좋게 인식해 놓으면 그자의 모든 행실이 좋게 보인다.

(2) 같은 뜻의 속담

① 고운 사람 멱을 씌워도 곱다.

② 이쁘게 보이면 얽은 자국도 보조개로 보인다.

③ 고운 사람 뒤를 봐도 곱다.

④ 팥으로 메주를 쑨대도 곧이듣는다.

(3) 연상되는 속담

① 나물 밭에 똥 눈 개는 늘 저 개 저 개 한다.

② 까마귀 열 두 소리 하나도 반갑지 않다.

③ 뛰면 벼룩이요 날면 파리다.

④ 중이 미우면 가사까지 밉다.
⑤ 며느리가 미우면 발 뒤꿈치가 달걀같다 한다.
⑥ 콩으로 메주를 쑨대도 곧이 안듣는다.
⑦ 받으러 와도 고운 사람 있고 주러 와도 미운 사람 있다.
⑧ 고운 사람 미운 데 없고 미운 사람 고운 데 없다.
⑨ 미운 사람 고운 데 없고 고운 사람 미운 데 없다.

127. 고자쟁이 먼저 죽는다

(1) 의미 : 남의 단점을 주위에 일러바쳐 그 사람을 괴롭히는 것을 나무라는 것.
(2) 같은 뜻의 속담
① 남잡이가 제잡이.
② 남을 물에 넣으려면 제가 먼저 물에 들어가야 한다.

128. 고쟁이 열두 벌 입어도 보일 건 다 보인다

(1) 의미 : 인간답지 못한 자가 본질을 숨기려 해도 결국 탄로나고야 만다.
(2) 해설 : 고쟁이는 여성들의 속옷의 일종. 그 고쟁이는 입어도 부끄러운 부분이 보이게 되어 있다.
(3) 같은 뜻의 속담
① 백정이 양반 행세를 해도 개가 짖는다.

129. 고진감래에 흥진비래라

(1) 의미 : 고난을 참고 견뎌내면 필경 기쁨이 따라오고 재미만 즐기면 필경 슬픔이 따라오게 된다.
(2) 成語 : 苦盡甘來, 興盡悲來.

130. 고집 센 년은 몽둥이가 약이고 골난 년은 가죽방망이가 약이다

(1) 의미 : 고집 센 여자에겐 엄하게 하는 게 약이고, 애정을 갈구하는 여자는 애정 제공해 주는 게 약이다.

131. 고추는 작아도 맵다

▶찾아가기 : 36, 가재는 작아도 돌을 진다.

132. 고추장 단지가 열둘이라도 서방님 비위를 못맞추겠다

(1) 의미 : 성격이 상당히 까다로워서 비위 맞추어주기가 힘든 것.

(2) 해설 : 여기 언급된 서방님은 남편. 즉 아내 입장에서 남편의 비위를 맞추기 힘들다.

133. 곡식은 익을수록 고개를 숙인다

(1) 의미 : 사람의 됨됨이가 성숙한 사람일수록 겸손하다.

(2) 해설 : 추수기의 농작물은 십중팔구 고개를 숙이고 있다.

(3) 같은 뜻의 속담

① 벼는 익을수록 고개를 숙인다.

(4) 연상되는 속담

① 빈수레가 더 요란하다.

134. 골통만 컸지 재주는 메주다

(1) 의미 : 재주가 있을 법한 사람이 실상은 그렇지 못하다.

(2) 해설 : 머리 자체가 크면 일반적으로 영리하다고 생각될 수 있지만 실상은 재주가 없다.

135. 곱슬머리 옥니박이하고는 말도 말랬다

(1) 의미 : 천성이 인색하고 야박한 자와는 아예 상종을 말라.

(2) 해설 : 곱슬머리에 옥니박이 두 가지를 다 겸비한 사람은 인색하고 야박하기가 이를 데 없다.

(3) 같은 뜻의 속담

① 이마를 찔러도 피 한 방울 안 난다.
② 감기 고뿔도 남 안 준다.
③ 나그네 보내 놓고 점심 한다.
④ 흥부집 제비새끼만도 못하다.

(4) 연상되는 속담
① 두견이 목에서 피 내어 먹듯 하다.

136. 〈공것 바라기는 무당서방〉

(1) 의미 : 공짜만 바라는 자를 나무람.
(2) 해설 : 무당서방은 무당의 남편으로, 아내인 무당의 수입으로 사는 사람이다. 그런 사람처럼 노력하지 않고 공짜로 생기는 것만 바라고 있다.

137. 공것이라면 양잿물도 마신다

(1) 의미 : 공짜로 주는 것이면 물불을 가리지 않는다.
(2) 해설 : 양잿물은 빨래할 세척하는 용도로 쓰이는 물질로 인체에 치명적이다. 그런데 그것이 공짜라 하니까 들이마시고 있다.

138. 공궐 지키는 내관의 상

(1) 의미 : 우수에 잠긴 외로운 모양새.
(2) 해설 : 내관(내시)이 빈 궁궐을 지키는 것은 외로움 그 자체.

139. 공든 탑 무너지지 않는다

(1) 의미 : 정성과 공을 들여 이룬 일은 무너지지 않는다.
(2) 연상되는 속담
① 십년 공부 도로아미타불

140. 공부는 늙어 죽을 때까지 해도 다 못한다

(1) 의미 : 배움에는 한도 끝도 없다.

141. 공(公)은 공(公) 사(私)는 사(私)

(1) 의미 : 공적인 일을 할 때는 철저히 원칙을 지켜야 한다.

142. 공자 앞에서 문자 쓴다

(1) 의미 : 자기보다 월등한 식견이 있는 자 앞에서 자기의 식견을 자랑하고 있다.

(2) 같은 뜻의 속담

① 부처님 앞에서 설법한다.

② 번데기 앞에서 주름 잡는다.

③ 개구리에게 수영 가르친다.

(3) 연상되는 속담

① 알기는 오뉴월 똥파리.

② 아는 걸 보니 먹고싶은 것도 많겠다.

143. 곶감 꼬치에서 곶감 빼먹듯

(1) 의미 : 수입 없이 그간 벌어놓은 재산을 야금야금 써가는 형국.

144. 곶감이 접반이라도 입이 쓰다

(1) 의미 : 심기가 몹시 불편하다.

145. 과거를 아니볼 바에야 시관이 개떡 같다

(1) 의미 : 아무리 훌륭한 것이라도 나와 직접 연관되지 않은 것은 가치가 없게 생각된다.

(2) 해설 : 과거는 현재의 사법시험, 행정고시 등 국가기관의 인재를 뽑았던 시험이고, 시관은 그 시험을 관리하는 관리.

(3) 같은 뜻의 속담

① 내 상전 남이 두려워할까.

② 미장이에 호미는 있으나 마나.

③ 닭은 구슬을 보리 한 알 만큼도 안 여긴다.

146. 과부의 대 돈 오 푼 빚을 내서라도

(1) 의미 : 시급한 경제적 상황에서 이자의 높고 낮음을 따질 겨를이 없다.

(2) 해설 : 과부가 이자를 받고 돈을 빌려줄 때는 대체로 이자율이 높았다. 상황이 급박하여 비싼 이자라도 빌려써야 하는 상황을 이르는 말. 대 돈 오 푼 : 다섯 돈 오 푼

(3) 같은 뜻의 속담

① 상감님 망건 사러 가는 돈을 써서라도.

② 소경의 월수를 내서라도.

147. 과부가 과부 사정 안다

(1) 의미 : 직접 겪은 자만이 그 어려움을 실감할 수 있다.

(2) 해설 : 남편을 잃은 여자의 외로움은 과부 아니면 그 누가 실감할 수 있겠는가.

(3) 같은 뜻의 속담

① 홀아비 사정 홀아비가 안다.

② 벙어리 속은 벙어리가 안다.

③ 앓아 봐야 아픈 것 안다.

④ 과부 설움 서방 잡아먹은 년이 안다.

⑤ 자식 키워봐야 어미 속 안다.

148. 과부 시집가듯

(1) 의미 : 떳떳하지 못해 슬그머니 일을 해치우는 모양새.

(2) 해설 : 옛날에는 여자가 재가하는 것을 수치로 여겼다. 그래서 재가할 때는 잔치 없이 슬그머니 했다.

149. 과부는 은이 서 말, 홀아비는 이가 서 말

(1) 의미 : 알뜰한 살림 측면에서는 과부가 홀아비보다 한 수 위다.

150. 과부도 중년 과부가 더 어렵다

(1) 의미 : 초년 과부와 노년 과부에 비해 중년 과부는 더 어렵다.

(2) 해설 : 일찍 남편을 잃은 초년 과부는 결혼생활의 진미를 모를 때이고, 노년에 남편을 잃은 노년 과부는 결혼생활에서의 성적 능력이 쇠퇴한 시절임에 비해 중년에 남편을 잃은 과부는 그렇지 않다.

151. 과부살이 10년에 독사 안 되는 여자 없다

(1) 의미 : 남편 없이 혼자 사는 여자의 어려움은 경제 문제, 성욕 문제, 심리 문제 등등 한두 가지가 아니다. 그것을 참고 이겨내려니 독사가 안 될 수 없을 것이다.

152. 과부 며느리 시아버지 진지상 들고 문지방 넘어가는 동안 아흔아홉 번 마음이 변한다

(1) 의미 : 과부 며느리의 솔직한 심정.

(2) 해설 : 수절해야 하나 재가를 해야 하나 고민에 고민을 거듭하는 것이 과부 며느리의 솔직한 심정일 것이다.

153. 과부 애 낳고 진자리 없애듯

(1) 의미 : 떳떳하지 못한 행동을 안 한 척 시치미를 떼는 모양.

(2) 해설 : 과부가 아이를 낳는 것은 떳떳하지 못한 것이어서 서둘러 그 진자리를 없애고 있다.

(3) 같은 뜻의 속담

① 떡 먹은 입 쓸어치듯.

154. 과일가게 망신은 모과가

(1) 의미 : 모과는 외형이 볼품없어 과일가게의 인상을 안좋게 하고 있다. 즉 과일가게 망신의 주범이 모과라는 속담이다.

(2) 같은 뜻의 속담

① 어물전 망신은 꼴뚜기가.

② 집안 망신은 며느리가.

③ 둠벙 망신은 미꾸라지가.

④ 친구 망신은 곱사등이가.

155. 곽란에 약 지으러 보내면 좋겠다

(1) 의미 : 행동이 느려터진 사람을 나무라는 것.

(2) 해설 : 곽란은 구토, 설사, 복통을 수반한 시급을 요하는 급성 위장병이다. 급박한 상황에 행동이 느려터진 사람에게 약 짓는 심부름을 보내면 결과가 어떨까?

156. 관가 돼지 배 앓기

(1) 의미 : 근심 걱정 알아줄 사람 없는 혼자만의 고통

(2) 해설 : 개인이 자기 집에서 기르는 돼지는 알뜰한 보살핌을 받을 수 있겠지만 관가에서 기르는 돼지가 아파서 고통을 받을 때는 그렇지 못하다.

(3) 같은 뜻의 속담

① 부른 배 고픈 건 더 답답하다.

(4) 연상되는 속담

① 운봉이 내 마음을 알지 (※이도령이 거지 차림으로 암행어사 출두했을 때 아무도 암행어사임을 몰랐으나 운봉만은 그걸 알고 있었다.)

157. 관 속에 들어가도 막말은 말아라

(1) 의미 : 말이란 것은 절대로 함부로 해서는 안 된다는 것을 강조하는 것.

(2) 연상되는 속담

① 혀 아래 도끼 들었다.

② 웃으며 한 말에 초상난다.

158. 관 쓴 거지 얻어먹지 못한다

(1) 의미 : 아쉬운 자가 거만하게 행동하면 이루어지는 것이 없다.

(2) 해설 : 여기에서의 관은 국가기관의 관리들이 쓰는 모자의 하나. 그 관을 쓴 것은 거만한 행동을 의미한다. 동냥을 해야 하는 거지가 거만한 태도를 하면 누가 밥을 줄까?

(3) 같은 뜻의 속담

① 입이 밥 빌어오지 발이 밥 빌어올까.

(4) 연상되는 속담

① 목마른 자가 우물 판다.

② 답답한 놈이 송사한다.

159. 괴 죽 쑤어 줄 것 없고 생쥐 볼가심할 것 없다

(1) 의미 : 극도의 가난

(2) 같은 뜻의 속담

① 서 발 막대 거칠 것 없다.

② 가랑이가 찢어지게 가난하다.

③ 가진 거라곤 불알 두 쪽 뿐.

④ 쥐뿔도 없다.

⑤ 책력 보아 가며 밥 먹는다.

⑥ 곰이라 발바닥 핥으랴.

⑦ 물에 빠져도 주머니밖에 뜰 게 없다.

160. 구관이 명관

(1) 의미 : 경험, 경력의 가치를 높게 평가하는 것.
(2) 같은 뜻의 속담
① 나간 머슴이 일은 잘했다.
② 바람도 지난 바람이 낫다.
(3) 연상되는 속담
① 잃은 도끼는 쇠나 좋더니(후처가 전처보다 못하다.)
② 그놈이 그놈(구관이고 신관이고 다를 게 없다.)

161. 구 년 지수에 빛 기다리듯

(1) 의미 : 애타게 기다린다.
(2) 해설 : 구 년 동안 비가 오고 있으니 햇빛이 얼마나 그리울까.
(3) 같은 뜻의 속담
① 독수공방에서 정든 님 기다리듯.
② 눈 빠지게 기다린다.

162. 구 년 지수에 해 돋는다

(1) 의미 : 바라고 바라던 것이 이루어진다.

163. 구더기 무서워 장 못 담그랴

(1) 의미 : 다소간의 장애가 있어도 해야 할 것은 해야 한다.
(2) 같은 뜻의 속담
① 범 무서워 산에 못가랴
(3) 연상되는 속담
① 구들장 깨질까 봐 잠자리도 못하랴.
② ×대가리 무서워 시집도 못가랴.

164. 구렁이 제 몸 추듯

(1) 의미 : 자기 자랑한다.
(2) 같은 뜻의 속담

① 뻐꾸기 제 이름 부르듯.

(3) 成語

① 자화자찬(自畵自讚)

165. 구르는 돌에 이끼 안 낀다

(1) 의미 : 꾸준한 노력, 꾸준한 활동을 권장하는 말.

(2) 같은 뜻의 속담

① 흐르는 물 썩지 않는다.

② 부지런한 물레방아 얼 새도 없다.

166. 구름장에 치부했다

(1) 의미 : 지나간 일 기억하지 못하고 있다.

(2) 해설 : 지나간 일 종이쪽지에라도 적어 놓았다면 기억할 수 있을 것이다. 그런데 적어 놓는다는 것이 흘러가는 구름장에 적어 놓았으니 그 구름이 흘러가 없어지면 무슨 재간으로 기억할 것인가.

(3) 연상되는 속담

① 아무리 총명해도 무딘 연필만 못하다.

(4) 成語

① 총명불여둔필

167. 구만리 장천이 지척이라

(1) 의미 : 사람은 언제 명을 다할지 아무도 모른다.

(2) 해설 : 여기서의 천(天)은 하늘이다. 구만리 먼 곳에 있을 법한 하늘나라가 실은 아주 가까이 있다.

(3) 같은 뜻의 속담

① 대문 밖이 저승이라.

② 날 받아 놓고 죽는 사람 없다.

③ 삼천갑자 동방삭이도저 죽을 날 몰랐다.

168. 구멍은 깎을수록 커진다

(1) 의미 : 거짓말은 할수록 그것을 덮기 위한 거짓말을 또 할 수밖에 없다.

(2) 해설 : 한번 거짓말을 했다. 같은 사안에 관해 두 번째 말할 땐 첫 번째 거짓말을 기억하지 못하여 또 새로운 거짓말을 한다. 결국 구멍(거짓말)은 커질 수밖에 없다.

(3) 같은 뜻의 속담

① 거짓말 사흘 못 간다.

② 거짓말은 새끼를 친다.

▶찾아가기 : 85, 거짓말은 사흘 못 간다.

169. 구멍 투성이에 부스럼 투성이

▶찾아가기 : 89, 검거든 얽지나 말고 시거든 떫지나 말아야지.

170. 구슬이 서 말이라도 꿰어야 보배다

(1) 의미 : 아무리 훌륭한 가치가 있다고 해도 그 핵심적 기능이 이루어진 후라야 그 가치가 실현된다.

(2) 해설 : 구슬은 값진 것이다. 그러나 꿰어놓지 않으면 구슬로서의 값진 가치는 실현되지 않는다.

(3) 같은 뜻의 속담

① 부뚜막의 소금도 집어넣어야 짜다.

② 한강이 녹두죽이라도 주걱이 있어야 퍼먹는다.

③ 가마솥의 콩도 삶아야 먹는다.

④ 청산 속에 묻힌 옥도 갈아야 빛이 난다.

171. 국화는 서리를 맞아도 꺾이지 않는다

(1) 의미 : 절개, 의지가 강한 사람

(2) 해설 : 국화는 서리가 내려 모든 꽃이 다 떨어지는 계절에도 꺾

이지 않는다.

(3) 연상되는 속담

① 서리가 내려야 국화의 절개를 안다.

172. 국도 국 같지 않은 국에 입천장 데였다

▶찾아가기 : 59, 같잖은 국에 입천장 데였다.

173. 국이 끓는지 장이 끓는지

(1) 의미 : 여러가지 복잡한 상황에서 무엇이 어떻게 되어가고 있는지 도대체 관심이 없는 사람을 나무라는 것.

(2) 같은 뜻의 속담

① 죽이 끓는지 밥이 끓는지.

174. 군말이 많으면 쓸 말이 적다

(1) 의미 : 말할 땐 간략하게 요점만 말해라.

175. 군밤과 젊은 여자는 곁에 있으면 그저 안 둔다

(1) 의미 : 여성을 즐기는 남성의 속성.

(2) 같은 뜻의 속담

① 볶은 콩과 기생첩은 옆에 두고는 못 견딘다.

176. 굳은 땅에 물 괸다

(1) 의미 : 재산 모으기는 우선 아끼고 절약하는 데서부터.

(2) 같은 뜻의 속담

① 티끌 모아 태산.

177. 굴뚝 보고 절한다

(1) 의미 : 남에게 빚진 자 불가피하게 야반도주하는 것.

(2) 해설 : 부끄럽게 밤에 도망하니 이웃에 인사할 수 없어서 굴뚝을

보고 절한다.

(3) 같은 뜻의 속담

① 마당 보고 절한다.

178. 굴뚝 막은 덕석 같다

(1) 의미 : 옷차림새가 남루하고 지저분하다.

(2) 같은 뜻의 속담

① 동관 삼월이다.

② 미친년의 속곳 가랑이 같다.

179. 굴뚝에 바람 들었나

(1) 의미 : 울긴 왜 울어.

(2) 해설 : 굴뚝으로 바람이 들이치면 부엌으로 연기가 역류할 것이고 그러면 매워 눈물이 날 수밖에 없다.

180. 굴러온 돌이 박힌 돌 빼낸다

(1) 의미 : 타지에서 온 자가 터 잡고 살고 있는 사람을 밀어내는 모양새.

(2) 같은 뜻의 속담

① 굴러온 돌이 박힌 돌 성 낸다.

② 들어온 놈이 동네 팔아먹는다.

181. 굴에 든 뱀 길이 모른다

(1) 의미 : 겉으로 나타내지 않는 학식, 재능, 능력이지만 그 학식, 재능, 능력이 상당하다.

182. 굼벵이가 떨어질 땐 다 생각이 있어서다

(1) 의미 : 남 보기엔 대수롭지 않아 보여도 자기 나름대로 뚜렷한 목적이 있다.

(2) 같은 뜻의 속담

① 개구리가 주저앉는 뜻은 멀리 뛰자는 뜻이다.

② 자벌레가 몸을 구부리는 것은 장차 펴기 위한 것이다.

③ 처녀가 한증을 해도 제 나름은 있다.

④ 나무도 달라서 층암절벽에 선다.

183. 굼벵이가 지붕에서 떨어질 땐 다 생각이 있어서다

▶찾아가기 : 182, 굼벵이가 떨어질 땐 다 생각이 있어서다.

184. 굼벵이도 꾸부리는 재주가 있다

(1) 의미 : 아무리 못나 보여도 그 나름의 재주 한 가지씩은 다 있다.

(2) 해설 : 굼벵이는 남들이 대수롭지 않게 보는 벌레이나 꾸부리는 재주가 있다.

(3) 같은 뜻의 속담

① 굼벵이도 떨어지는 재주가 있다.

② 우렁이도 두렁 넘는 꾀가 있다.

③ 나귀도 치는 재주가 있다.

185. 굽은 나무가 선산 지킨다

(1) 의미 : 대수롭지 않게 보이던 자가 대단한 일을 해내는 모양새.

(2) 해설 : 꼿꼿하지 못하고 굽은 나무는 건축 자재 등으로 쓰기에 나빠서 버림받은 듯한 나무다. 그런데 그 굽은 나무가 조상의 묘 등 선산을 지키는 데 한몫하고 있다.

(3) 같은 뜻의 속담

① 나갔던 며느리 효도한다.

② 병신 자식이 효도한다.

③ 눈 먼 자식이 효도한다.

186. 굽은 지팡이는 그림자도 굽어 보인다

(1) 의미 : 나쁜 본성은 감추려 해도 드러나고 만다.
(2) 같은 뜻의 속담
① 백정이 양반 행세해도 개가 짖는다.

187. 굿 들은 무당

(1) 의미 : 바라던 일이 이루어져 즐거워하는 모양새.
(2) 해설 : 무당이 주로 하는 일은 남의 굿을 해 주는 것이다. 그런데 굿을 해 달라는 주문을 받은 무당이 즐겁지 않겠는가.
(3) 같은 뜻의 속담
① 재 들은 중.
② 어미 본 애기.
③ 꽃 본 나비.
④ 물 본 기러기.
(4) 연상되는 속담
① 귀신 듣는 데 떡 소리 한다.
② 듣던 중 반가운 소리.

188. 굿이나 보고 떡이나 먹어라

(1) 의미 : 남이 말하는데 남의 일에 쓸데없이 끼어드는 사람을 나무라는 말.
(2) 해설 : 굿 구경 갔으면 거기서 주는 떡이나 먹고 가면 되지 무슨 말이 그렇게 많은가.
(3) 같은 뜻의 속담
① 할 일 없으면 집에 가 낮잠이나 자라.
② 청하지 않은 잔치에 묻지 않는 대답이라.

189. 굿 했다고 안심 마라

(1) 의미 : 믿음직스럽게 정성을 들여 일을 마무리한 이후에라도 일어날 수 있는 만약의 사태를 염두에 두어야 한다.

(2) 같은 뜻의 속담
① 믿는 도끼에 발등 찍힌다.
② 믿었던 돌에 발부리 채인다.
③ 정들었다고 정담 마라.
④ 묻은 불이 일어난다.

190. 귀뚜라미 풍류 하겠다

(1) 의미 : 게으른 농부를 나무라는 속담.
(2) 해설 : 농부가 게을러 논의 잡초를 제때 뽑아내지 않아서 잡초 속에서 귀뚜라미들이 풍류를 즐기고 있다.

191. 귀먹어 삼 년 눈멀어 삼 년 벙어리 삼 년

(1) 의미 : 시집살이 힘들었던 며느리들의 생활상.
(2) 해설 : 귀에 거슬리는 말을 들어도 못 들은 척, 눈에 거슬리는 것을 보아도 못 본 척, 하고 싶은 말 있어도 참고 견뎌야 하는 며느리들의 심정.
(3) 같은 뜻의 속담
① 세상살이 말도 많고 탈도 많고 삼각산에 돌도 많고 바람도 많고 곰 ×에 털도 많다.

192. 귀머거리 들으나 마나

(1) 의미 : 신체적 장애로 인하여 의미가 없는 행위.
(2) 같은 뜻의 속담
① 봉사 안경 쓰나 마나
② 봉사 보나 마나
③ 앉은뱅이 앉으나 마나
④ 뻿정다리 서나 마나

193. 귀신 듣는 데 떡 소리

(1) 의미 : 듣던 중 반가운 소리
(2) 해설 : 귀신은 원래가 떡을 좋아는데 그 귀신 앞에서 떡 소리를 하면 반가울까 아닐까?

194. 귀신도 빌면 듣는다

(1) 의미 : 잘못했을 땐 우선 사죄하는 게 최선책이다.
(2) 같은 뜻의 속담
① 빌면 무쇠도 녹는다.
② 비는 장수 목 벨 수 없다.

195. 귀신도 곡 할 노릇

(1) 의미 : 사태 파악이 전혀 안되는 불가사의한 일이 벌어진 것.
(2) 해설 : 세상사에 통달한 귀신조차 몰라서 귀신이 원통해 울 정도로 별난 일이 벌어졌다.

196. 귀에 당나귀 신을 박았나

(1) 의미 : 우매하여 남의 말을 알아듣질 못한다.
(2) 해설 : 당나귀 신은 당나귀의 성기로 매우 크다. 그 당나귀 신을 귀에 박아 놓았으니 어떤 소리도 들릴 리가 없다.
(3) 같은 뜻의 속담
① 소 귀에 경 읽기.
② 귀에 말뚝 박았나.
③ 귀에 마늘쪽을 박았나.
(4) 成語
① 우이독경(牛耳讀經)

197. 그놈이 그놈

(1) 의미 : 쓰던 사람이 시원치 않아 새 사람을 채용했지만 전에 쓰던 사람과 다를 게 없다.

(2) 연상되는 속담

① 구관이 명관.

② 잃은 도끼는 쇠나 좋더니.

▶참조 : 160, 구관이 명관

198. 그때가 옛날

(1) 의미 : 빠르게 흐르는 세월

(2) 같은 뜻의 속담

① 유수 같은 세월

199. 그렇게 급하면 왜 외조할미 속으로 안 나왔나

(1) 의미 : 화급하게 서두르는 사람을 나무라는 것.

(2) 해설 : 외할머니는 어머니를 낳았고 어머니는 너를 낳았다. 그런데 그렇게 급하면 왜 외할머니가 너를 낳도록 하지 않았느냐.

200. 그물이 삼천 코면 걸릴 날이 있다

(1) 의미 : 어떤 일을 이루고자 할 때 준비를 철저히 하고 있으면 언젠가 이루어진다.

201. 그믐달 보자고 초저녁부터 나앉으랴

(1) 의미 : 너무 일찍 서둔다.

(2) 해설 : 그믐에 뜨는 달은 밤 늦게 뜬다. 그런데 초저녁부터 그 뜨는 달 보겠다고 나앉는다.

(3) 같은 뜻의 속담

① 냇물은 안 보이는데 신발부터 벗는다.

② 새벽달 보자고 초저녁부터 나앉으랴.

202. 근원 벨 칼 없고 근심 없앨 묘약 없다

(1) 의미 : 천륜은 떼려야 뗄 수 없는 것. 그리고 인생사 근심 걱정은 누구에게나 따르는 것.

(2) 같은 뜻의 속담

① 제 애비 싫다고 남의 애비 내 애비 할까.

203. 글 속에 글이 있고 말 속에 말이 있다

(1) 의미 :

① 말과 글은 비슷한 글자라도 표현 방법에 따라 그 뜻이 달라진다.

② 말과 글은 비유 방법에 의거한 본 취지가 중요하다.

(2) 같은 뜻의 속담

① 아해 다르고 어해 다르다.

② 말은 넌지시 하는 말이 비싸다.

204. 긁어 부스럼

(1) 의미 : 화를 자초한다.

(2) 같은 뜻의 속담

① 사서 고생한다.

② 찔러 피 낸다.

③ 아무렇지도 않은 발에 침 놓기.

④ 벌집 쑤심.

⑤ 자는 범 코침 주기.

⑥ 몽둥이 들고 포도청으로.

⑦ 섶을 지고 불 속으로.

⑧ 가만히 있으면 중간은 간다.

⑨ 가만히 있으면 무식은 면한다.

205. 금강산도 식후경

(1) 의미 : 먹는 것의 중요성을 강조하는 속담.

(2) 해설 : 금강산은 경치 좋기가 타의 추종을 불허할 명산이다. 그 금강산도 배고픈 상태에서는 그 구경이 흡족하게 느껴질까?

(3) 같은 뜻의 속담

① 악양루도 식후경 ※악양루는 중국 호남성에 있는 성루.

② 꽃구경도 식후경

(4) 연상되는 속담

① 수염이 댓자라도 먹어야 양반.

② 코 아래 진상이 제일.

③ 새남터를 가더라도 먹어야 한다.

※새남터는 한강 모래사장 중 사육신이 처형당한 곳.

206. 금상첨화

(1) 의미 : 좋은 일이 겹치는 모양새

(2) 같은 뜻의 속담

① 밥 위에 떡.

② 며느리 보다 손주 본다.

(3) 연상되는 속담

① 꿩 먹고 알 먹고.

② 마당 쓸고 동전 줍고.

③ 도랑 치고 가재 잡고.

④ 임도 보고 뽕도 따고.

⑤ 며느리 보고 손주 보고.

207. 금일은 충청도 명일은 경상도

(1) 의미 : 정처 없이 떠돌아다녀야 하는 외로운 신세.

(2) 같은 뜻의 속담

① 나그네 신세.

② 구름 떠다니듯.

③ 동쪽 집에서 먹고 서쪽 집에서 잔다.
④ 땅을 자리로 하고 하늘을 이불로 한다.
⑤ 뿌리 없는 부평초.

208. 급하다고 바늘허리 매어 쓸까

(1) 의미 : 아무리 급해도 급하게 해서 되는 일이 따로 있다.
(2) 해설 : 바늘은 바늘구멍에 실을 꿰어야 제 기능을 한다.
(3) 같은 뜻의 속담
① 급하다고 콩마당에서 간수 치랴.

209. 기가 하도 막혀 막힌 둥 만 둥이다

(1) 의미 : 말 같지 않은 말이 그 도를 넘었다.
(2) 해설 : 말 같지 않음이 그 도를 넘다 보니 기가 막혔는지 안 막혔는지 분간하기 어려울 지경이다.

210. 기가 막히는 데는 숨 쉬는 것이 약이다

(1) 의미 : 기막힌 말을 들었을 때는 흥분하지 말고 일단 진정해라.

211. 기는 놈 위에 뛰는 놈 있다

(1) 의미 : 너보다 더 잘난 사람 많으니 너무 잘난 체 마라.
(2) 같은 뜻의 속담
① 뛰는 놈 위에 나는 놈 있다.
② 나는 놈 위에 타는 놈 있다.
③ 치 위에 치가 있다.
④ 하루살이 위에 파리가 있고 파리 위에 날날이가 있다.
⑤ 범 잡아먹는 담비가 있다.

212. 기둥을 치면 대들보가 울린다

(1) 의미 : 넌지시 말해도 그 뜻을 금세 알아차린다.

(2) 같은 뜻의 속담

① 변죽을 치면 복판이 울린다.

(3) 연상되는 속담

① 사돈네 남 말한다.

213. 길고 짧은 건 대봐야 안다

(1) 의미 : 대소경중, 시비곡직 등 모든 것의 판단은 직접 체험해 봄이 가장 확실한 방법이다.

(2) 같은 뜻의 속담

① 대천 바다도 건너보아야 안다.

② 물은 건너봐야 알고 사람은 지내봐야 안다.

③ 천 길 물속은 건너봐야 알고, 한 길 사람 속은 지내봐야 안다.

④ 말도 달려봐야 안다.

(3) 연상되는 속담

① 겨울이 돼야 솔의 푸르름을 안다.

② 둘째 며느리 얻어 봐야 맏며느리 착한 줄 안다.

③ 자식 낳아 봐야 부모 마음을 안다.

④ 서리가 내려야 국화의 절개를 안다.

214. 길 닦아 놓으니 거지가 먼저 지나간다

(1) 의미 : 공들인 결과가 보람 없이 된 모양새

(2) 같은 뜻의 속담

① 길 닦아 놓으니 미친년이 먼저 지나간다.

② 길 닦아 놓으니 용천뱅이 지랄한다. ※용천뱅이는 나병환자.

215. 길 위에 돌도 연분이 있어야 찬다

(1) 의미 : 인간관계, 남녀관계 등에서 연분의 중요성을 강조하는 말.

216. 길은 갈 탓, 말은 할 탓

▶찾아가기 : 203, 글 속에 글이 있고 말 속에 말이 있다.

217. 길을 두고 뫼로 갈까

(1) 의미 : 쉬운 방법이 있음에도 불구하고 어려운 방법을 쓰는 사람을 나무라는 말.

(2) 같은 뜻의 속담

① 극락길은 버리고 지옥길로 간다.

② 값싼 갈치가 밥맛만 좋더라.

③ 허구많은 생선 중에 복어가 맛이더냐.

218. 길이 아니면 가지를 말고 말이 아니면 듣지를 마라

(1) 의미 : 언행을 바르게 할 것이며 그렇지 않은 자와는 아예 상종하지 마라.

(2) 같은 뜻의 속담

① 길이 아니면 가지를 말고 말이 아니면 탓하지 마라.

② 말이 아니면 듣지를 말고 말이 아니면 탓하지 마라.

③ 말 같지 않은 말은 귀가 없다.

④ 물이 아니면 건너질 말고 인정이 아니면 사귀질 마라.

219. 김 안 나는 숭늉이 더 뜨겁다

▶찾아가기 : 57, 강철이 달면 더 뜨겁다.

220. 김치는 절반 양식

(1) 의미 : 김치는 식탁의 필수 음식.

221. 까마귀 검다고 속조차 검을소냐

(1) 의미 : 겉모습은 흉칙해 보이지만 실은 훌륭한 사람이다.

(2) 같은 뜻의 속담

① 가마 검기로 밥도 검을까.

② 까마귀 검어도 살은 아니검다.

(3) 연상되는 속담

① 검은 고기 맛 좋다.

222. 까마귀 날자 배 떨어진다

(1) 의미

① 잘못이 없음에도 불구하고 공연한 의심을 받는다.

② 미운 놈의 미운 짓거리

(2) 해설

① 까마귀가 날아오르는 순간 배가 떨어졌다.
이때 배는 떨어질 때가 돼서 떨어진 것이지 까마귀가 날아올라서 떨어진 것이 아니었다.

② 이 경우 까마귀가 아닌 까치가 날아갔으면 어땠을까?
역시 배가 떨어지는 것은 다를 게 없을 것이다.
그러나 까마귀는 까치보다 사람들이 밉게 보는 새다.
즉 이 속담은 공연히 의심받는 것에 더해 "밉게 보인 자의 행위가 미운 짓거리로 보이는 것"이 추가된 의미의 속담이다.

(3) 연상되는 속담

① 장난하는 건 과부집 숫캐.

223. 까마귀도 내 땅 까마귀면 반갑다

(1) 의미 : 객지에서 고향을 그리워하는 심정.

224. 까마귀 먹칠해 검다더냐

(1) 의미 : 원래가 그런 사람이다.

(2) 해설 : 그 사람의 행위에 대해 제 3자가 평가할 때 "원래가 그런 사람이다" 라고 다시 강조해 주는 것. 여기에서 "원래 그

런 사람"은 그 사람의 좋은 행동이 아닌 나쁜 행동임이 까마귀라는 글자에서 감지된다.

225. 까마귀 아래턱 떨어지는 소리

(1) 의미 : 되지도 않는 말, 이치에 당치도 않는 말.

(2) 같은 뜻의 속담

① 뻐똥 쌀 일

226. 까마귀 안 받아먹듯

(1) 의미 : 부모의 은덕을 잊지 않는 자식의 효도하는 모습.

(2) 해설 : 까마귀는 나쁜 이미지와 함께 효도하는 자식의 상징으로 전해진다. 즉 이제껏 먹이를 물어다 먹여준 어미 까마귀에게 먹이를 물어다 주고 그 먹이를 먹는 늙은 어미 까마귀의 먹이 먹는 모습이다.

(3) 成語 : 반포지효(反哺之孝).

227. 까마귀가 오지 말라는 격

(1) 의미 : 남의 말 잘못 알아듣고 기분 나빠하는 모양새.

(2) 해설 : 까마귀가 지저귈 땐 까옥 까옥 한다. 그런데 이 발음을 잘못 알아들어 가오 가오로 들었다. 상대방의 말을 잘못 알아듣고 기분 나빠 하는 모양을 나타낸 속담이다.

228. 꺽꺽 푸드덕 장가갈 제 아로롱 까투리 따라간다

(1) 의미 : 연인끼리 다정하게 따라다니는 모습.

229. 꼬리가 길면 밟힌다

(1) 의미 : 나쁜 짓 계속하면 발각되고 만다.

(2) 같은 뜻의 속담

① 고삐가 길면 밟힌다.

(3) 연상되는 속담

① 새도 오래 앉으면 살 맞는다.

② 재미나는 골에 범 난다.

③ 신선 놀음에 도끼자루 썩는 줄 모른다.

④ 한 노래로 온 밤 지샐까.

⑤ 재미를 다하면 슬픔이 온다. 흥진비래(興振悲來).

230. 꼴에 수캐라고 다리 들고 오줌 눈다

(1) 의미 : 꼴 같지 않은 놈의 젠 체하는 모양새.

231. 꼿꼿하기는 개구리 먹은 뱀이다

(1) 의미 : 고집이 센 사람.

232. 꽃 본 나비 불을 헤아리랴

(1) 의미 : 타오르는 열정

(2) 같은 뜻의 속담

① 물 본 기러기 어옹을 두려워하랴.

233. 꽃뱀에 물리면 아야 소리도 못한다

(1) 의미 : 외도하는 남자에게 그 위험성을 경고하는 것.

(2) 해설 : 꽃뱀은 남자의 외도를 유인하는 여자. 이러한 여자에게 약점을 잡히면 누구에게도 하소연할 수 없다.

234. 꽃 본 나비

▶찾아가기 : 187, 굿 들은 무당

235. 꿀 먹은 벙어리

(1) 의미 : 하고 싶은 말 못 하고 마음속으로만 끙끙 앓고 있는 모양새.

(2) 같은 뜻의 속담

① 꿀 먹은 벙어리요 침 먹은 지네라.
② 벙어리 냉가슴 앓듯.

236. 꿀도 약이라면 쓰다

(1) 의미 : 충고, 타이름 등 간섭을 싫어하는 인간의 속성.
(2) 해설 : 꿀은 원래가 달다. 그런데 꿀이 약이 된다고 알려주니 꿀 맛이 쓴 듯 느껴진다.
(3) 연상되는 속담
① 하던 지랄도 멍석 펴 놓으면 안한다.

237. 꿈보다 해몽이 좋다

(1) 의미 : 똑같은 일이라도 마음 먹기에 따라 좋은 일로 생각될 수도 있고, 나쁜 일로 생각될 수도 있다.
(2) 해설 : 매사 생각 여하에 달렸다.
(3) 成語 : 일체유심조(一切唯心造)

238. 꿩 대신 닭

(1) 의미 : 차선책
(2) 같은 뜻의 속담
① 이 없으면 잇몸으로 산다.
(3) 연상되는 속담
① 진달래 지면 철쭉 보랬다.

239. 꿩 먹고 알 먹고, 깃대 뽑아 등 쑤시고, 덤불로 군불 때고, 그 불에 밥 한다

(1) 의미 : 한 번의 노력으로 두 개 이상의 효과를 거둔다.
(2) 해설 : 꿩 사냥하면 꿩고기 먹고, 그 꿩이 낳아놓은 알도 먹고, 그 꿩의 깃대로 등 쑤시고, 꿩이 있던 자리 덤불로 군불

을 때고, 그 불로 밥까지 한다.

(3) 같은 뜻의 속담

① 임도 보고 뽕도 딴다.

② 도랑 치고 가재 잡는다.

③ 마당 쓸고 동전 줍는다.

④ 배도 먹고 이도 닦는다.

⑤ 굿도 볼 겸 떡도 먹을 겸.

⑥ 누이 좋고 매부 좋고

⑦ 너 좋고 나 좋고

(4) 成語 : 일석이조(一石二鳥), 일거이득(一去二得)

240. 꿩 잡는 게 매

(1) 의미 : 본래의 기능을 수행할 수 있어야 가치가 있다.

(2) 같은 뜻의 속담

① 가림이 있어야 의복이라 한다.

② 고치를 치는 게 누에다.

③ 쥐 잡는 게 고양이

241. 끓는 국에 맛 모른다

(1) 의미 : 흥분된 상태에서는 일처리가 제대로 안 된다.

242. 끝 부러진 송곳

(1) 의미 : 핵심적인 부분이 손상돼 쓸모없이 된 모양새.

(2) 같은 뜻의 속담

① 불 꺼진 화로.

② 딸 죽은 사위.

③ 자루 빠진 도끼.

④ 앙꼬 없는 찐빵.

⑤ 줄 없는 팬티.

(나)

243. 나가는 며느리 말대답 하듯

(1) 의미 : 불손한 말대답.

(2) 해설 : 소박 맞고 나가는 며느리가 무서울 게 뭐 있겠나.

244. 나간 놈의 집구석

(1) 의미 : 집안 살림살이 형태가 어수선하고 질서가 없다.

(2) 같은 뜻의 속담

① 불한당 치른 놈의 집구석.

245. 나귀를 구하니 샌님이 없고, 샌님을 구하니 나귀가 없다

(1) 의미 : 매사 준비하는 과정이 수월치 않다.

246. 나그네 귀는 석 자라

(1) 의미 : 상대방의 눈치를 보아야 하는 모양새.

(2) 해설 : 나그네는 주인의 일거수 일투족에 신경써야 되는 입장이다 보니 항상 긴장을 늦출 수 없다.

(3) 같은 뜻의 속담

① 나그네 귀는 간짓대 귀

※간짓대는 대나무로 만든 긴 장대.

247. 나는 바담 풍 해도 너는 바람 풍 해라

(1) 의미 : 나는 잘못 했지만 너만큼은 잘 해라.

248. 나는 이름도 성도 없다더냐

(1) 의미 : 나를 무시하는 상대방에 대한 항변.

(2) 같은 뜻의 속담

① 알기를 개 ×으로 안다.

② 알기를 흑싸리 껍데기로 안다.

③ 만만한 싹을 보았나.

249. 나무도 고목 되면 오던 새도 안 온다

(1) 의미

① 사람이 늙으면 소외당한다.

② 기생도 늙으면 화류계에서 소외당한다.

(2) 같은 뜻의 속담

① 물이 마르면 놀던 고기도 안 온다.

③ 물이 마르면 오던 기러기도 안 온다.

250. 나무에도 못 대고 돌에도 못 댄다

(1) 의미 : 의지할 곳이 없다.

(2) 같은 뜻의 속담

① 끈 떨어진 뒤웅박.

※참조 : 뒤웅박은 원형의 박을 바가지 형태로 만든 것.

② 어미 잃은 송아지

251. 나물 밭에 똥 눈 개는 늘 저 개 저 개 한다

(1) 의미 : 한 번 밉게 보인 자는 모든 언행이 다 밉게 보인다.

(2) 같은 뜻의 속담

① 뛰면 벼룩이요 날면 파리다.

※벼룩, 파리는 혐오의 곤충. 그래서 뛰면 벼룩 같은 놈이고, 날아가면 파리 같은 놈이란 의미다.

② 까마귀 열 두 소리 하나도 반갑지 않다.

③ 중이 미우면 가사까지 밉다. ※가사는 중이 입는 옷.

④ 며느리가 미우면 발뒤꿈치가 달걀 같다 한다.

(3) 연상되는 속담

① 이쁘게 보이면 곰보자국도 보조개로 보인다.

② 고운 사람 멱을 씌워도 곱다.

③ 미운 사람 고운 데 없고, 고운 사람 미운 데 없다.

④ 주러 와도 미운 사람 있고, 받으러 와도 고운 사람 있다.

252. 나올 적에 봤으면 짚신짝으로 틀어막을 걸

(1) 의미 : 언행, 처신 등에서 인간답지 않은 자 나무라는 말.

(2) 같은 뜻의 속담

① 왜 알 적에 안 곪았노.

② 저런 걸 낳지 말고 호박이나 낳았으면 국이나 끓여 먹지.

③ 앞 남산 호랑이가 무얼 먹고 사나.

④ 저승사자가 눈깔이 삐었지.

⑤ 비 오거던 산소 모종을 내거라.

※조상 묘를 잘못 써서 저런 놈이 나왔으니 비 오거든 이장(묘를 옮김)을 하거라.

⑥ 인간답지 않은 놈 ×만 크다.

253. 나이 이길 장사 없다

(1) 의미 : 나이 들어가며 노쇠해지는 것은 자연의 현상.

(2) 같은 뜻의 속담

① 백발 막을 장사 없다.

254. 나중 난 뿔이 우뚝하다

(1) 의미 : 제자가 선생님보다 더 훌륭히 되는 모양새.

(2) 成語

① 후생가외(後生可畏)

② 청출어람 청어람(靑出於藍 靑於藍)

※청색은 남색에서 나왔지만 남색보다 더 푸르다.

255. 나중에 보자는 사람 무섭지 않다

(1) 의미 : 인간의 순간적 화는 시간이 지나면 풀어지게 되어 있다.

256. 낙태한 고양이 상

(1) 의미 : 신체적 고통에 괴로운 모양.

257. 난리 난 해 과거 하기

(1) 의미 : 훌륭한 일을 이루었으나 그 가치가 떨어지는 모양새.

(2) 해설 : 어려운 과거시험에 합격했으나 난리통이니 평시에 합격한 것보단 그 가치가 떨어지고 있다.

(3) 같은 뜻의 속담

① 비단옷 입고 밤길 가기.

258. 난쟁이 교자꾼 참여하듯

(1) 의미 : 그 직책에 능력 없는 자가 그 직책을 맡으려 한다.

(2) 해설 : 교자꾼은 가마 메는 사람. 키가 작은 사람이 가마를 메면 균형이 맞지 않아서 이동이 불가능해진다. 그런데도 키 작은 사람이 가마를 메겠다고 나선다.

(3) 같은 뜻의 속담

① 난쟁이 월천꾼 즐기듯.

② 하지도 못하는 놈이 잠방이부터 벗는다.

③ 하지도 못하는 놈이 바지부터 벗는다.

259. 난초 불 붙으니 혜초가 탄식한다

(1) 의미 : 동류의 슬픔을 같이 한다.
(2) 같은 뜻의 속담
① 토끼 죽으니 여우가 슬퍼한다.
② 소나무 말라 죽으니 잣나무가 슬퍼한다.

260. 날개 부러진 매

(1) 의미 : 힘 내지 세력을 못쓰게 된 모양새.
(2) 같은 뜻의 속담
① 새벽 호랑이.
② 허리 부러진 호랑이.
③ 서리 맞은 구렁이.
④ 엉치 부러진 슷개.
⑤ 다리 부러진 장수.

261. 날면 기는 것이 능치 못하다

(1) 의미 : 그 방면에 잘하는 것이 있으면 못하는 것도 있다. 즉 모든 걸 다 잘할 순 없다.

262. 날 받아 놓고 죽는 사람 없다

▶찾아가기 : 167, 구만리 장천이 지척이라.

263. 날 받아 놓은 색시 같다

(1) 의미 : 두문불출 집에만 칩거하는 사람.
(2) 해설 : 여자가 약혼하면 외부 출입을 하지 않는 풍습이 있었다.

264. 날아가는 까마귀도 맛 보고 간다

(1) 의미 : 정조 관념이 희박한 여자를 나무라는 말.
(2) 같은 뜻의 속담
① 속곳 벗기를 버선짝 벗듯 한다.
② 사정이 많으면 동네 시애비가 아홉.

265. 날이 좋아 웃는다마는 동남풍에 입술이 그슬린다

(1) 의미 : 실없이 웃는 사람을 나무라는 말.
(2) 같은 뜻의 속담
① 외삼촌 물에 빠졌나 웃긴 왜 웃어.
② 허파에 바람 들었나 웃긴 왜 웃어.
③ 날아가는 새 ××를 봤나 웃긴 왜 웃어.
④ 개구리 ××에 털 난 걸 봤나 웃긴 왜 웃어.

266. 날 잡은 날 돌아오듯

(1) 의미 : 그 날이 초조하게 기다려지는 모양새.

267. 남산골 생원이 망해도 걸음 걷는 보수 하나는 남는다

(1) 의미 : 실패에도 불구하고 가지고 있던 특기 하나씩은 그대로 보존되고 있는 모양새.
(2) 해설 : 남산골 생원은 가난했지만 자존심 강했던 선비로 남산 밑 동네에 모여 살고 있었고 걸음은 양반걸음이었고 그 양반걸음 하나만은 근사했다.
(3) 같은 뜻의 속담
① 종가가 망해도 향로 향합은 남는다.
② 왈짜가 망해도 왼다리질 하나는 남는다.
③ 한량이 죽어도 기생집 울타리 밑에서 죽는다.
④ 놀던 계집이 망해도 궁둥이짓 하나는 남는다.

268. 남산에서 돌팔매질 하면 김씨나 이씨 집 마당에 떨어진

다

(1) 의미 : 성씨 중 김씨와 이씨가 제일 많다.

269. 남아일언 중천금이라

(1) 의미 : 남자로 태어났으면 모름지기 말 한마디도 중히 여겨 실행하고 한입으로 두말 하지 마라.

270. 남에게 못 할 짓 하면 제 자손에 앙얼 간다

(1) 의미 : 남에게 못 할 짓 하지 마라
(2) 해설 : 앙얼(殃孼)은 지은 죄의 앙갚음으로 받는 재앙을 뜻한다.
(3) 같은 뜻의 속담
① 남의 눈에 눈물 내면 제 눈엔 피가 난다.
② 남의 눈에 피 내면 제 눈엔 고름이 난다.
③ 남 잡이가 제 잡이

271. 남에게 베푼 것은 잊어라 그러나 남이 베풀어 준 것은 잊지 마라

(1) 의미 : 은혜는 잊으면 안된다.
(2) 成語 : 시인진물념 수시진물망, 결초보은(結草報恩).

272. 남의 눈에 눈물 내면 제 눈엔 피가 난다

▶찾아가기 : 270, 남에게 못 할 짓 하면 제 자손에 앙얼 간다.

273. 남의 돌팔매에 밤 줍는다

▶찾아가기 : 274, 남의 떡에 설 쉰다.

274. 남의 떡에 설 쉰다

(1) 의미 : 남의 도움으로 일을 이루는 모양새.

(2) 같은 뜻의 속담

① 남의 돌팔매에 밤 줍는다.

② 남의 떡에 굿 한다.

③ 남의 불에 게 잡는다.

275. 남의 말 다 들으면 목에 칼 벗을 날 없다

(1) 의미 : 남의 말대로 따라 행동하면 크게 낭패를 볼 수 있으니 취사선택해서 들어라.

(2) 같은 뜻의 속담

① 열 놈이 백 말을 하여도 듣는 이 짐작.

② 개가 짖을 때마다 도둑이 오는 건 아니다.

276. 남의 말도 석 달

(1) 의미 : 소문은 시일이 지남에 따라 수그러든다.

277. 남의 말이라면 쌍지팡이 짚고 나선다

▶찾아가기 : 278, 남의 말 하기는 식은 죽 먹기.

278. 남의 말 하기는 식은 죽 먹기

(1) 의미 : 남의 험담을 즐기는 인간의 속성

(2) 같은 뜻의 속담

① 남 말 내가 하고 내 말 남이 한다.

② 남의 말이라면 쌍지팡이 짚고 나선다.

③ 입은 한 치지만 쇠스랑 발은 세 개.

(3) 연상되는 속담

① 잔치집에는 같이 못 가겠다.

279. 남의 사정 봐주다 갈보 난다

(1) 의미 : 여자는 정조 관념 관련 조심에 조심해야 한다.

(2) 같은 뜻의 속담
① 홀아비 사정 봐주다 과부 애 밴다.
② 사정이 많으면 동네 시아비가 아홉.

나

280. 남의 아이 한 번 때리나 두 번 때리나 때렸단 소리 듣긴 마찬가지

(1) 의미 : 나쁜 짓 한 번이든 두 번이든 나쁜 짓인 것 임엔 차이가 없다.
(2) 같은 뜻의 속담
① 한 번 때리나 두 번 때리나 욕먹기는 마찬가지.
② 한 번 가도 화냥 두 번 가도 화냥.
③ 하룻밤을 자도 헌 각시.

281. 남의 일이라면 오뉴월에도 손이 시리다

(1) 의미 : 남의 일 해 주는 것은 내가 내 일 하는 것 만큼의 의욕이 안 생긴다.
(2) 연상되는 속담
① 내 손이 내 딸이다.
② 앓느니 죽는다.

282. 남의 일 봐 주려거든 삼 년 내 봐 줘라

(1) 의미 : 남의 일을 도와주려면 적극적으로 도와줘라.
(2) 해설 : 부모님 상 당했을 때 3년 상을 치뤘다. 그 상에 도움을 주려면 3년 동안 도와줘라.

283. 남의 잔치에 감 놔라 배 놔라 한다

(1) 의미 : 남의 일에 왜 그리 간섭이 많으냐.
(2) 같은 뜻의 속담

① 남의 제사에 감 놔라 배 놔라 한다.
② 오지랖이 넓다.
③ 치마가 열 두 폭.
④ 남이야 지개 지고 제사를 지내건 말건.
⑤ 남이야 전봇대로 콧구멍을 쑤시건 말건.
⑥ 남이야 서방질을 하건 남방질을 하건.
⑦ 남이야 홑치마를 입고 재주를 넘건 말건.

(3) 연상되는 속담
① 굿이나 보고 떡이나 먹어라.
② 할 일 없으면 집에 가 낮잠이나 자라.
③ 청하지 않은 잔치에 묻지 않은 대답.
④ 남의 사돈 가거나 말거나.
⑤ 오초 흥망이 내 알 바 아니다.

284. 남의 장단에 춤춘다

▶찾아가기 : 110, 계집아이 오라비 하니 사내도 오라비 한다.

285. 남이야 전봇대로 콧구멍을 쑤시건 말건

▶찾아가기 : 283, 남의 잔치에 감 놔라 배 놔라 한다.

286. 남이 떡 먹는데 팥고물 떨어지는 걱정 한다

▶찾아가기 : 87, 걱정도 팔자.

287. 남자는 다 도둑놈

(1) 의미 : 여성을 즐기는 남성의 속성.
(2) 같은 뜻의 속담
① 남자는 다 늑대.
② 남자는 늙어도 짚 한 단 들 힘만 잇으면 계집질한다.
③ 한량이 죽어도 기생집 울타리 밑에서 죽는다.

④ 남자는 열 계집 마다 않는다.
⑤ 여색과 욕심은 죽어야 떨어진다.
⑥ 숟가락을 들 힘만 있어도 여자를 본다.
⑦ 여자라면 절구통에 치마 두른 것도 좋아한다.
⑧ 여자라면 회로 집어먹으려 한다.
⑨ 임금이 삼천 궁녀 마다할까.

288. 남자는 대가리가 둘이라 머리가 좋고 여자는 입이 둘이라 말이 많다

(1) 의미 : 여자는 대체적으로 남자보다 말이 많다.

289. 남자는 입부리 발부리 ×부리를 조심해야 한다

(1) 의미 : 남자가 조심해야 할 세 가지. 즉 말을 잘 해 설화에 휩쓸리지 말아야 한다. 손 간수를 잘 해 폭력행위에 휩쓸리지 말아야 한다. ×을 잘 간수해 성관련 범죄에 휩쓸리지 말아야 한다.

290. 남잡이가 제잡이

▶찾아가기 : 127, 고자쟁이 먼저 죽는다.
270, 남에게 못 할 짓 하면 자 자손에 앙얼 간다.

291. 낫 놓고 기역자도 모른다

▶찾아가기 : 1, 가갸 뒷 자도 모른다.

292. 낫으로 살 가리기

(1) 의미 : 임시방편.
(2) 해설 : 낫으로 살이 가려질까.
(3) 같은 뜻의 속담

① 똬리로 샅 가리기.
② 언 발에 오줌 누기.
③ 아랫돌 빼서 웃돌 가리고 윗돌 빼서 아랫돌 고인다.

293. 낮말은 새가 듣고 밤말은 쥐가 듣는다

(1) 의미 : 비밀 유지는 어려운 것. 그런 측면에서 말조심해야 한다.
(2) 같은 뜻의 속담
① 낮에는 눈이 있고 밤에는 귀가 있다.
② 바람벽에도 귀가 있다.

294. 낮에는 남 보듯 밤에는 임 보듯

(1) 의미 : 예의범절과 애정을 동시에 추구하는 모양새.
(2) 해설 : 애정 표현 한다고 남이 다 보는 앞에서 내키는대로 애정 표시를 하는 것은 예의범절에 어긋난다.
(3) 같은 뜻의 속담
① 낮 퇴계 밤 퇴계
※퇴계 이황은 근엄함의 상징이나 그런 이황도 밤에는 한껏 애정을 만끽했다.

295. 내 것 아니면 남의 밭 머리에 개똥도 안 줍는다

(1) 의미 : 내 물건 아니면 절대로 취하지 않는 정직한 마음.
(2) 해설 : 가치 여하에 불구하고 그것이 남 소유 밭 인근에 있기에 줍지 않고 있다.

296. 내리사랑은 있어도 치사랑은 없다

(1) 의미 : 부모의 자식 사랑은 무한대이나 그에 비해 자식의 부모에 대한 사랑은 그에 미치지 못하는 것이 현실. 효는 백행의 근원이지만 그게 현실에서는 이루어지지 않는 것을 안타까워하는 속담이다.

(2) 같은 뜻의 속담
① 부모가 온 효자 되어야 자식이 반 효자 된다.
② 부모 속엔 부처가 있고 자식 속엔 앙칼이 있다.
③ 부모 마음 열에 하나만 알아줘도 효자다.
④ 상덕을 바라지 하덕을 바라랴.
(3) 연상되는 속담
① 열 손가락 깨물어 안 아픈 손가락 없다.
② 자도 걱정 먹어도 걱정
③ 자식 낳아봐야 부모 맘을 안다.
④ 자식 길러봐야 부모의 은공 안다.

297. 내 속 짚어 남의 말 한다

(1) 의미 : 상대방에 배려 없는 혼자만의 독단적 행동.

298. 내 손에 장을 지져라

(1) 의미 : 강력한 부정의 의사표시.
(2) 같은 뜻의 속담
① 내 손 끝에 뜸을 떠라.

299. 내 손이 내 딸이다

(1) 의미 : 내가 직접 하는 게 가장 확실하고 믿음직하다.
(2) 해설 : 내 딸은 “가장 믿을 수 있는 것”이란 뜻.

300. 내일 삼수갑산을 가더라도

(1) 의미 : 무슨 수를 써서라도 이것만은 꼭 하련다.
(2) 해설 : 삼수와 갑산은 함경남도의 군 이름으로 교통이 불편한 곳.
(3) 같은 뜻의 속담
① 삼수갑산에 가서 산전을 일궈 먹더라도.

② 하늘이 두 쪽 반이 나더라도.

③ 병풍에 그린 닭이 홰를 치고 우는 한이 있더라도.

301. 내 코가 석 자

(1) 의미 : 남의 사정 들어줄 겨를이 없다.

(2) 같은 뜻의 속담

① 내 코가 댓자 오치.

② 쫓겨가다 경치 보랴.

302. 내 할 말 사돈이 한다

(1) 의미 : 못마땅한 상대방에게 하고 싶었던 말을 도리어 상대방이 나에게 하는 모양새.

(2) 같은 뜻의 속담

① 내가 부를 노래 사돈이 부른다.

② 시에미 부를 노래 며느리가 먼저 부른다.

303. 냇가 돌 닳듯

(1) 의미 : 세파에 시달려 단단해진 모양새.

304. 냇물은 안 보이는데 신발부터 벗는다

▶찾아가기 : 201, 그믐달 보자고 초저녁부터 나 앉으랴.

305. 냉수에 이 부러질 노릇

(1) 의미 : 전혀 이치에 맞지 않는 말을 하는 것.

(2) 같은 뜻의 속담

① 여드레 삶은 호박에 도래송곳 안 들어갈 말.

② 익은 밥 먹고 선소리 한다.

③ 마루 아래 강아지가 웃을 노릇.

④ 소가 웃다가 꾸러미 째지겠다.

306. 너구리 굴 보고 피 물 돈 내 쓴다

(1) 의미 : 성급한 기대 하에 하는 행위.
(2) 같은 뜻의 속담
① 떡 줄 놈은 생각도 않는데 김칫국부터 마신다.
② 땅 벌집 보고 꿀 돈 내 쓴다.
③ 남의 밥 보고 장 떠 먹는다.
④ 오동나무 보고 춤춘다.

307. 넉 달 가뭄에 하루 쓸 날 없다

(1) 의미 : 오랜 가뭄엔 비가 애타게 기다려지기 마련이다. 그런데 특별한 사정으로 가뭄 중 임에도 비가 안 왔으면 하는 날인데 그 날따라 비가 오는 모양새.

308. 네 × 내 몰라라 한다

(1) 의미 : 나하고는 아무 상관 없다.
(2) 해설 : 동침했던 여자가 동침 사실이 없는 듯 잡아떼는 모양새.
(3) 같은 뜻의 속담
① 강 건너 시애비 ×이다.

309. 노는 입에 염불하기

(1) 의미 : 무료함의 해결책
(2) 같은 뜻의 속담
① 할 일 없으면 오금이라도 긁어라.
② 적적할 땐 내 볼기짝이라도 쳐라.

310. 노력은 천재를 낳을 수 있지만 천재는 노력을 낳을 수 없다

(1) 의미 : 꾸준히 노력하면 천재도 될 수 있다.

311. 노루 꼬리가 길면 얼마나 길랴

(1) 의미 : 잘난 척 하는 사람을 나무라는 말.

312. 노루 친 막대 삼 년 우려먹는다

(1) 의미 : 오래도록 남을 이용해 먹는 이기적인 행태.

(2) 같은 뜻의 속담

① 소 뼈다귀 우려먹듯.

313. 노름은 본전에 망한다

(1) 의미 : 노름해서 망하는 사람의 망하는 이유.

(2) 해설 : 한 번 노름으로 본전을 다 잃었다. 그리고 그 본전을 찾기 위해 또 노름한다. 그리고 또 다 잃었다. 이런 일이 반복되니 망할 수밖에 없게 된다.

314. 노인 말 그른 데 없고 어린이 말 거짓 없다

(1) 의미 : 노인의 말은 오랜 경륜, 어린이 말은 천진난만에서 결과된 말.

(2) 같은 뜻의 속담

① 늙은 개 함부로 짖지 않는다.

② 늙은 말이 길을 안다.

③ 옛말 그른 데 없다.

④ 어린 천재보다 늙은 석두(石頭)가 낫다.

315. 노인 망령은 곰국으로, 젊은이 망령은 몽둥이로

(1) 의미 : 노쇠한 노인의 망령과 철들지 않은 애들의 나쁜 행동은 그 치료법이 달라야 한다. 즉 노쇠한 노인의 망령에는 보양식으로, 철들지 않은 애들의 나쁜 행동은 훈계나 타

이름으로.

316. 노인 박대는 나라도 못한다

(1) 의미 : 나이 들어가는 노인은 존경의 대상이지 경멸의 대상이 아니다.

(2) 같은 뜻의 속담

① 늙은이 박대는 나라도 못한다.

317. 녹피에 가로 왈 자

(1) 의미 : 똑같은 한 가지 행위가 이렇게도 결론이 날 수도 있고 저렇게도 결론이 날 수도 있는 모양새.

(2) 해설 : 사슴 가죽에 날 일(日) 자 쓰고 나서 그 가죽을 잡아당겨 보면 가로 왈(曰) 자가 된다.

(3) 같은 뜻의 속담

① 이현령 비현령 ※귀에 걸면 귀걸이, 코에 걸면 코걸이.

318. 논둑 족제비 까치 잡듯

(1) 의미 : 남에게 사기치는 모양새.

(2) 해설 : 족제비가 자기 몸에 진흙칠을 하고 논둑에 꼿꼿이 선다. 마침 까치가 그 족제비를 말뚝인 줄로 알고 거기 앉는다. 그때 그 까치를 족제비가 잡아먹는다.

319. 농사 물정 안다니까 피는 나락 회기 뺀다

(1) 의미 : 칭찬에 엉뚱한 행동을 하는 모양.

(2) 해설 : 농사에 관해 잘 안다고 칭찬하니 거기에 고무돼서 벼 나락 생기게 하는 회기를 빼고 있다.

(3) 같은 뜻의 속담

① 잘 춘다 잘 춘다 하니까 시애비 앞에서 속곳 벗고 춤춘다.

② 저 중 잘 뛴다니까 장삼 벗어 걸머지고 뛴다.

③ 잘 그린다 잘 그린다 하니까 뱀 발까지 그린다.

④ 잘 뷴다 잘 뷴다 하니까 하루아침에 왕겨 석섬을 뷴다.

320. 뇌성 벽력은 귀머거리도 듣는다

(1) 의미 : 명백한 사실임을 강조하는 속담.

(2) 해설 : 뇌성벽력은 크게 소리나는 천둥. 그런 천둥 소리면 청각 장애인도 들을 수 있다는 말.

(3) 같은 뜻의 속담

① 청천백일은 장님도 밝게 안다.

321. 누에가 진 뽑아내듯

(1) 의미 : 말을 차근차근 조리있게 잘 풀어나가는 모양새.

(2) 같은 뜻의 속담

① 침착한 여인네가 장롱에 옷가지 챙겨 넣듯.

322. 누운 나무에 열매 안 난다

(1) 의미 : 열심히 일하고 열심히 움직이는 것을 권장하는 속담.

(2) 같은 뜻의 속담

① 흐르는 물은 썩지 않는다.

② 구르는 돌에 이끼 안 낀다.

(3) 연상되는 속담

① 일하지 않는 자 먹지도 마라.

323. 누울 자리 봐 가며 발 뻗는다

(1) 의미 : 치밀한 준비 후 행한다.

(2) 같은 뜻의 속담

① 이불 깃 봐 가며 발 뻗는다.

② 치수 보고 옷 짓는다.

③ 뒹굴 자리 보고 씨름판 나간다.

324. 누워 침 뱉기

(1) 의미 : 자해 행위

(2) 해설 : 생리적 욕구건 다른 사람 욕하기 위한 욕구이건 침을 뱉는데 누워서 침을 뱉으면 그 침이 어디로 떨어질까?

(3) 같은 뜻의 속담

① 하늘 보고 침 뱉기.

② 제 얼굴에 침 뱉기.

③ 곰창 날 받듯.

④ 뱀이 제 꼬리로 제 몸 때리듯.

325. 누이 좋고 매부 좋고

▶찾아가기 : 239. 꿩 먹고 알 먹고 깃대 뽑아 등 쑤시고 덤불로 군불 때고 그 불에 밥 한다.

326. 눈 가리고 아웅 한다

(1) 의미 : 금방 탄로 날 얄팍한 수단으로 남을 속이려 한다.

(2) 해설 : 눈 가려 봤자 고양이 임은 금세 탄로 난다.

(3) 같은 뜻의 속담

① 귀 막고 방울 도둑질 한다.

② 머리카락 뒤에서 숨바꼭질 한다.

③ 사탕발림.

(4) 연상되는 속담

① 논둑 족제비 까치 잡아먹듯.

327. 눈 감으면 코 베어가는 세상

(1) 의미 : 인심이 험악한 세상.

328. 눈 깜짝할 사이

(1) 의미 : 잠깐 사이.

329. 눈도 깜짝 안한다

(1) 의미 : 놀라운 일에도 불구하고 전혀 놀라는 기색이 없다.

330. 눈물은 내려가고 숟가락은 올라간다

(1) 의미 : 아무리 큰 슬픔을 겪더라도 참고 견디며 극복해야 한다.

331. 눈 빠지게 기다린다

(1) 의미 : 애타게 기다린다.
(2) 같은 뜻의 속담
① 독수공방에서 정든 님 기다리듯.
② 일각이 여삼추.
③ 독수공방에서 유정 낭군 기다리듯.

332. 눈 어둡다더니 다홍 고추만 잘 딴다

(1) 의미 : 무슨 일인지 잘 모르는 척 하면서 그 일에 관해 실속을 차리고 있는 것.
(2) 해설 : 어느 여자가 눈이 어둡다 한다. 그러면서도 눈이 밝아야만 딸 수 있는 붉은 고추만을 골라 잘 딴다. 여기서의 다홍 고추는 성적 매력 넘치는 남성으로 볼 것이다.
(3) 같은 뜻의 속담
① 눈 어둡다더니 바늘귀만 잘 꿴다.
② 시시덕이는 재를 넘어도 새침데기는 골로 빠진다.
(4) 연상되는 속담
① 모른 척하고 떡 함지에 넘어진다.

333. 눈에 넣어도 아프지 않다

(1) 의미 : 자식에 대한 무한한 사랑

(2) 같은 뜻의 속담

① 금이야 옥이야.

② 불면 꺼질까 쥐면 터질까.

(3) 연상되는 속담

① 통째로 삼켜도 비린내도 안 나겠다.

334. 눈에 쌍심지를 켠다

(1) 의미 : 극도의 흥분.

(2) 같은 뜻의 속담

① 열이 상투 끝까지 오른다.

335. 눈에 콩꺼풀이 끼었다

(1) 의미 : 남들이 다 나쁘게 보고 있는 것을 자기만 좋게 보는 모양새.

336. 눈엔 삼삼 귀엔 쟁쟁

(1) 의미 : 어느 노래하던 사람의 모습과 그 아름다운 목소리가 아련하게 기억된다.

(2) 연상되는 속담

① 옥반에 진주 흐르듯.

337. 눈엣가시

(1) 의미 : 몹시 미운 사람.

(2) 같은 뜻의 속담

① 소리 없는 총이 있으면 좋겠다.

② 소금이 있으면 뿌렸으면 좋겠다.

③ 메밀이 있으면 뿌렸으면 좋겠다.

338. 눈 위에 서리

나

(1) 의미 : 겹치는 고난.
(2) 같은 뜻의 속담
① 산 너머 산.
② 산 너머 준령.
③ 갈수록 태산.
④ 산은 넘을수록 높고 물은 건널수록 깊다.
⑤ 채인 발 또 채인다.
⑥ 엎친 데 덮친다.
⑦ 마디에 옹이.
⑧ 하품에 딸꾹질.
⑨ 기침에 재채기.
⑩ 국 쏟고 뚝배기 깨고 ××데고 서방한테 매 맞는다.

339. 눈은 있어도 망울이 없다

(1) 의미 : 사물, 사건 등을 정확히 판단하는 안목과 판단력이 없다.
(2) 해설 : 눈과 눈망울이 다 구비돼야 보는 기능을 제대로 수행할 수 있다. 그런데 그렇지 못하다.
(3) 연상되는 속담
① 앉아서 삼천리 서서 구만리. ※식견, 예지력이 출중하다.

340. 눈은 뜨고 입은 다물어야 한다

(1) 의미 : 견문은 넓혀야 하지만 말은 함부로 하지 마라.

341. 눈을 씻고 봐도 없다

(1) 의미 : 아무리 찾아봐도 없다.

342. 눈 익고 손 설다

(1) 의미 : 보기엔 쉬워 보이나 실상은 어렵더라.

343. 눈치가 빠르면 절에 가도 새우젓 얻어먹는다

(1) 의미 : 그때 그때의 실정에 맞게 기민하게 눈치빠르게 행동해야 한다.

(2) 해설 : 절은 새우젓을 비롯한 육식은 하면 안되는 곳이다. 그래도 눈치 빠르면 그것도 가능해진다는 속담.

(3) 같은 뜻의 속담

① 눈치가 빠르면 절에 가도 젓갈 얻어먹는다.

② 눈치가 빠르면 절에 가도 조개젓 얻어먹는다.

344. 눈치 빠르기는 도갓집 강아지

(1) 의미 : 눈치 빠른 사람을 지칭하는 것.

(2) 해설 : 도갓집은 여러 형태의 상인들이 자주 출입하는 도매상. 그곳 강아지인지라 여러 상인들의 행동 행태를 누구보다 잘 간파할 것이다.

345. 눈치코치도 모른다

(1) 의미 : 아둔해 전혀 눈치가 없다.

(2) 연상되는 속담

① 앉을 자리 설 자리를 모른다.

② 머리 둘 데를 모른다. ※처신을 제대로 못하는 사람.

346. 늙은 개 함부로 짖지 않는다

(1) 의미 : 경륜이 쌓인 자 지혜가 풍부하다.

(2) 같은 뜻의 속담

① 노인 말 그른 데 없고 어린이 말 거짓 없다.

② 늙은 말이 길을 안다.

③ 옛말 그른 말 없다.

(3) 연상되는 속담

나

① 어린 천재보다 늙은 석두(石頭)가 낫다.
② 지혜는 늙은이에게서 빌리고 힘은 젊은이에게서 빌려야 한다.

347. 늙은 말이 길을 안다

▶찾아가기 : 346. 늙은 개 함부로 짖지 않는다.

348. 눈코 뜰 새 없다

(1) 의미 : 몹시 바쁘다.
(2) 같은 뜻의 속담
① 물 마실 새도 없다.
② 죽을래야 죽을 새도 없다.
③ 오줌 누고 × 털 새도 없다.
④ 오줌 누고 ×× 볼 새도 없다.

349. 눈허리가 시어서 못 보겠다

(1) 의미 : 하는 짓거리가 하도 비위 상해서 도저히 보아줄 수가 없다.
(2) 같은 뜻의 속담
① 그 꼴을 보느니 신첨지 신꼴을 보겠다.
② 작년 추석에 먹은 송편이 나오려 한다.
③ 젖 먹던 밸까지 뒤집힌다.
④ 이꼴 저꼴 안보려면 눈 먼 것이 상책이다.

350. 늙은이 건강과 가을 날씨는 믿을 수가 없다

(1) 의미 : 늙어가는 과정의 노인은 언제 건강이 악화될지 모르고 겨울로 진입하는 가을의 좋은 날씨는 언제 쌀쌀하게 돌변할지 모른다.
(2) 같은 뜻의 속담
① 바닷물 고운 것과 여자 고운 것은 믿을 수가 없다.

나

351. 늙은이 사랑은 꺼풀 사랑

(1) 의미 : 정력 쇠진 후의 말로만의 사랑.

352. 늙은이 잘못하면 노망으로 치고 젊은이 잘못하면 철없는 것으로 친다

(1) 의미 : 관대한 처분.

353. 능구렁이가 되었다

(1) 의미 : 잘 알고 있으면서도 능글맞게 모르는 척 그 사실 관련한 실속 차리는 모양.

(2) 같은 뜻의 속담

① 능글맞은 능구렁이

354. 늦바람이 곱새를 벗긴다

(1) 의미 : 늦게 나는 남자들의 바람기는 걷잡을 수 없이 강해 바로 잡기 힘들다.

(2) 해설 : 곱새는 초가지붕의 덮개.

(3) 같은 뜻의 속담

① 늦바람이 용마루 벗긴다.

② 바람도 지난 바람이 낫다.

③ 촌년이 바람나면 속곳 밑에 단추 단다.

※속곳은 여자의 속옷. 그 속곳은 앉기만 해도 여자의 그것이 보인다. 그런데 정숙한 척 그 속곳에 단추를 달고 있다.

(다)

다

355. 다 닳은 대갈 마치라

(1) 의미 : 남의 권고, 충고 등 남의 말을 듣지 않고 행태가 빤질빤질 한 사람.

356. 다 된 농사에 낫 들고 덤빈다

(1) 의미 : 생색내는 모양.

(2) 같은 뜻의 속담

① 계 술에 낯 대기.

② 나갔던 파리 왱덩한다고.

357. 다람쥐 챗바퀴 돌 듯

(1) 의미 : 발전 없는 제자리걸음.

(2) 같은 뜻의 속담

① 개미 챗바퀴 돌 듯.

② 돌다 보아도 물레방아.

358. 다시 보니 수원 나그네

(1) 의미 : 반가운 사람 우연히 마주쳐 반가워하는 모양새.

(2) 연상되는 속담

① 이제 보니 수원 나그네.

※반갑지 않은 사람 우연히 마주칠 때 인사치레로 하는 말.

359. 다식판에 박아낸 듯

(1) 의미 : 아주 똑같다.

360. 단단한 땅에 물 고인다

(1) 의미 : 재산형성의 우선은 근검과 절약.

361. 단칸방에 새 두고 말할까

(1) 의미 : 너와 나 사이에 무슨 비밀이 있겠느냐.

362. 닫는 말에 채찍질

(1) 의미 : 잘 하고 있는 사람 더욱 잘 하라는 격려.

(2) 成語 : 주마가편(走馬加鞭)

363. 달걀로 바위치기

(1) 의미 : 무모한 도전.

(2) 같은 뜻의 속담

① 대부동(大不動)에 곁낫질. ※대부동은 아주 큰 아름드리 나무.

② 개미가 정자나무 건드린다.

③ 반딧불로 별을 대적하랴.

④ 자가사리가 용 건드린다.

364. 달 밝은 밤이 흐린 낮만 못하다

(1) 의미 : 아무리 자식들의 지극한 효도를 받는다 해도 가정에 충실치 못한 배우자일지언정 그 배우자의 보살핌만 못하다.

(2) 같은 뜻의 속담

① 열 효자가 영감만 못하다.

② 효자가 악처만 못하다.

③ 착한 며느리도 악처만 못하다.

(3) 연상되는 속담

① 영감밥은 누워서 먹고 아들밥은 앉아서 먹고 딸밥은 서서 먹는다.

365. 닭 손님으론 안 가련다

(1) 의미 : 푸대접받을 곳에 가기 싫다.

(2) 해설 : 닭장에 자기식구 아닌 외지 닭이 들어오면 먼저 있던 닭들은 그 외지 닭을 본 척도 안 하며 푸대접한다.

366. 닭 잡아 겪을 나그네 소 잡아 겪는다

(1) 의미 : 시기를 놓쳐 크게 손해 입는 모양새.

(2) 해설 : 닭 잡아 대접해도 될 손님인데 그 시기를 놓쳐 소를 잡아서 대접하게 됐다.

(3) 같은 뜻의 속담

① 기와 한 장 아끼다가 대들보 썩힌다.

② 호미로 막을 것 가래로 막는다.

③ 좁쌀만큼 아끼다가 담돌 만큼 손해 본다.

④ 한 푼 아끼다 백 냥 손해 본다.

(4) 成語 : 소탐대실(小貪大失)

367. 닭 잡아먹고 오리발 내민다

(1) 의미 : 나쁜 행동을 해 놓고 금세 탄로 날 거짓말을 한다.

(2) 같은 뜻의 속담

① 가지 따 먹고 외수 한다. ※외수는 속임수를 뜻함.

(3) 연상되는 속담

① 입술에 침이나 바르고 이야기해라.

368. 닭 쫓던 개 지붕 쳐다보기

(1) 의미 : 계획한 일이 수포화 되어 허망해 하는 모양새.

(2) 해설 : 닭 쫓던 개가 그 닭이 지붕으로 날아올라 가니 개는 그저 지붕으로 따라올라 갈 수도 없어 허망히 지붕만 쳐다보고 있다.

(3) 같은 뜻의 속담

① 닭 쫓던 개 먼 산 바라보듯.

369. 담은 게으른 놈이 쌓아야 하고 방아는 미친년이 찧어야 한다

(1) 의미 : 그 자리에 적합한 사람을 써야 한다.

(2) 해설 : 담은 치밀하게 무너지지 않게 천천히 쌓아야 하기에 게으란 자가 적합하고, 방아는 신속히 빨리빨리 찧어야 하기에 미친 듯 빠르게 행동하는 사람이 적합하다.

(3) 성어 : 적재적소(適材適所).

370. 닷돈 보고 보리밭에 갔다가 명주 속옷만 다 찢었다

(1) 의미 : 몸을 밑천으로 적은 돈이나마 벌려다가 오히려 큰 손해를 봤다.

(2) 해설 : 보리밭은 남녀간의 은밀한 애정을 즐길 수 있었던 곳.

(3) 같은 뜻의 속담

① 떡도 떡같이 못 해 먹고 찹쌀 한 섬만 다 없앴다.

371. 당나귀 귀 떼고 × 떼면 남는 게 없다

(1) 의미 : 어떤 일, 어떤 물건에서 중요한 부분을 제외하면 보잘것없는 모양새가 된다.

(2) 해설 : 당나귀는 귀와 ×이 제일 큰 부분. 그것을 없애버리면 보잘것없다.

372. 대문 밖이 저승이라

▶찾아가기 : 167. 구만리 장천이 지척이라.

373. 대신 댁 송아지 백정 무서운 줄 모른다

(1) 의미 : 든든한 배경하에 거만한 행태 보이는 것.
(2) 해설 : 대신은 나라의 고위 관리로 지금의 장관 격. 그 배경을 믿고 송아지가 백정도 두려워하지 않는 모양새.
(3) 같은 뜻의 속담
① 산 진 거북이요 돌 진 가재라.

374. 대청 빌린 놈 안채까지 든다

(1) 의미 : 염치없는 짓거리만 골라 연속하는 모양새.
(2) 해설 : 대청마루를 빌려준 것만도 감지덕지 인데 안방까지 빌려 달라고 한다.
(3) 같은 뜻의 속담
① 줄수록 양양.
② 보자보자 하니까 얻어온 장 한번 더 뜬다.

375. 대한이 소한 집에 왔다가 얼어 죽는다

(1) 의미 : 절기상의 소한은 그 추위가 매섭다.
(2) 같은 뜻의 속담
① 소한 추위는 꾸어다가도 한다.
② 소한의 얼음 대한에 녹는다.

376. 댑싸리 밑에 개 팔자

(1) 의미 : 늘어진 팔자.
(2) 같은 뜻의 속담
① 풍년 개 팔자.
② 두렁에 누운 소.

377. 더부살이 주제에 주인마님 속곳 베 걱정한다

(1) 의미 : 주제넘은 걱정.

(2) 같은 뜻의 속담

① 더부살이 주제에 주인집 따님 혼수 걱정한다.

② 이웃집 과부 애 낳는데 미역국 걱정한다.

③ 한데 앉아서 웅달 걱정한다.

④ 거지가 도승지 불쌍타 한다. ※도승지는 지금의 대통령 비서실장 격의 관직. 거지가 공무에 시달리는 도승지를 불쌍하다 하고 있다.

(3) 연상되는 속담

① 걱정도 팔자.

② 남이 떡 먹는데 팥고물 떨어지는 걱정한다.

③ 뒷집 마당 터진 데 솔 뿌리 걱정한다.

378. 더운 밥 먹고 식은 소리 한다

(1) 의미 : 실없는 소리 하는 사람 나무라는 것.

379. 더위 먹은 소 달만 봐도 헐떡인다

(1) 의미 : 한 번 크게 놀란 사람은 그 비슷한 상황만 일어나도 놀란다.

(2) 같은 뜻의 속담

① 자라 보고 놀란 가슴 솥뚜껑만 봐도 놀란다.

② 국에 덴 놈 물만 봐도 놀란다.

③ 뱀에 놀란 사람 새끼만 봐도 놀란다.

④ 불에 덴 놈 부지깽이만 봐도 놀란다.

⑤ 불에 덴 강아지 반딧불에도 끙끙거린다.

380. 덕은 닦은 데로 가고 죄는 지은 데로 간다

(1) 의미 : 죄 지은 자는 그에 마땅한 벌 받는 게 세상 이치다.
(2) 같은 뜻의 속담
① 제 죄 남 안준다.
② 죄 지은 자 서 발 못 간다.
③ 물은 트는 데로 흐르고 죄는 지은 데로 간다.

381. 덕은 외롭지 않다. 반드시 이웃이 있다

(1) 의미 : 덕 베푼 자에게는 반드시 따르게 되는 사람들이 있게 마련이다.
(2) 成語 : 덕불고(德不孤) 필유인(必有人).

382. 도둑놈은 한 죄 잃은 놈은 열 죄

(1) 의미 : 도둑맞지 않도록 관리를 잘하는 것이 우선이다.
(2) 해설 : 도둑맞으면 도둑놈 찾기 위해 여러 사람을 의심하게 되니 그 자체가 죄가 된다.
(3) 연상되는 속담
① 도둑맞으면 제 어미 품도 들춰본다.
② 도둑맞으면 제 아내 속치마도 들춰본다.

383. 도둑놈 개 꾸짖듯

(1) 의미 : 떳떳하지 못한 입장에서 남 못 듣게 조심조심 말하는 모양새.
(2) 해설 : 도둑놈이 짖는 개 짖지 말라 하는 것은 떳떳하지 못한 입장에서의 말이다 보니 주인 못 듣게 조심스레 말할 수밖에 없다.

384. 도둑놈 소 몰듯

(1) 의미 : 황급히 서두르는 모양새.
(2) 해설 : 도둑놈이 소를 도둑질하면 서둘러 도망갈 수밖에 없다.

(3) 같은 뜻의 속담

① 저녁 나그네 길 재촉하듯.

385. 도둑 맞고 사립문 고친다

(1) 의미 : 때늦은 조치.

(2) 해설 : 사립문을 잘 관리해 왔으면 도둑맞지 않았을 것이다. 그런데 도둑맞고 나서 사립문을 고치고 있다.

(3) 같은 뜻의 속담

① 소 잃고 외양간 고친다.

② 굿 뒤에 날장구친다.

③ 사또 떠난 뒤 나팔 분다.

④ 열흘 잔치에 열하루 병풍 친다.

⑤ 사후 약방문이다.

⑥ 기차 떠난 뒤 손 든다.

⑦ 수수밭 삼밭 다 지내고 잔디밭에서 졸라댄다.

⑧ 늦은 밥 먹고 파장 간다.

386. 도둑맞으면 제 아내 속치마도 들춰본다

▶찾아가기 : 387. 도둑맞으면 제 어미 품도 들춰본다.

387. 도둑맞으면 제 어미 품도 들춰본다

(1) 의미 : 도둑맞으면 주위 사람 모두 의심하게 된다.

(2) 같은 뜻의 속담

① 도둑맞으면 제 아내 속곳도 들춰본다.

388. 도둑묘에 잔 부었다

(1) 의미 : 추진하던 일이 더 이상 할 수 없이 낭패가 됐다.

(2) 같은 뜻의 속담

① 가마 타고 시집 가기는 콧집이 영 글러졌다.

② 가마 타고 시집가기는 북두칠성이 영 글러졌다.
③ 미친 개 다리 틀렸다.
④ 볼장 다 봤다.
⑤ 산통 다 깨졌다.

다

389. 도둑을 앞으로 잡지 뒤로 잡나

(1) 의미 : 확실한 증거가 있어야 도둑을 잡을 수 있고 심증만으론 도둑을 잡을 수 없는 것이다.

390. 도둑이 매를 든다

(1) 의미 : 잘못한 자가 오히려 잘했다고 큰소리치는 모양새.
(2) 같은 뜻의 속담
① 도둑이 달릴까 했더니 우뚝 선다.

391. 도둑이 몽둥이 들고 길 위에 선다

▶찾아가기 : 390. 도둑이 매를 든다.

392. 도둑이 제 발 저리다

(1) 의미 : 도둑의 양심의 가책.

393. 도둑의 때는 벗어도 화냥의 때는 못 벗는다

(1) 의미 : 화냥질은 씻기지 않는 수치.
(2) 해설 : 화냥질은 남편 있는 여자가 외간남자와 정을 통하는 것.

394. 도둑질도 손발이 맞아야 해 먹는다

▶찾아가기 : 395. 도둑질도 혼자 해 먹어라.

395. 도둑질도 혼자 해 먹어라

(1) 의미 : 함께하는 일은 의견일치가 우선적 조건.

(2) 해설 : 나쁜 짓인 도둑질도 여럿이 하면 의견통일이 어려워 혼자 네 뜻대로 해라.

(3) 같은 뜻의 속담

① 도둑질도 손발이 맞아야 해 먹는다.

② 손뼉도 마주쳐야 소리가 난다.

③ 외손뼉이 못 울고 한다리로 못간다.

④ 때리는 척 하면 우는 척도 해야 한다.

396. 도랑 치고 가재 잡는다

▶찾아가기 : 239. 꿩 먹고 알 먹고 깃대 뽑아 등 쑤시고 덤불로 군불 때고 그 불에 밥 한다.

397. 도래떡이 안팎이 없다

(1) 의미 : 정확히 판단하기가 어려운 모양새.

(2) 해설 : 둥글게 만든 도래떡은 안과 밖의 구분이 없는 떡이다. 즉 매사 정확히 판단하기가 어려운 모양새이다.

398. 도련님엔 당나귀가 제격

(1) 의미 : 잘 어울리는 모양새.

(2) 같은 뜻의 속담

① 색시 가마에 강아지 따라간다.

② 보리밥에 고추장이 제격.

③ 문풍지 떨어진데 풀비가 제격.

④ 어미 딸이 쌍절구질 하듯.

399. 도련님 풍월에 염이 있으랴

(1) 의미 : 서투른 자에 대한 지나친 꾸짖음을 나무라는 것.

(2) 해설 : 도련님은 아직 어린 나이인데 풍월을 잘 못한다고 너무 나무라지 마라. 염(簾)이란 한시에서 자음의 높낮이를

맞추는 방법을 말한다.

400. 도마에 오른 고기

(1) 의미 : 최악으로 결정된 운명.

(2) 같은 뜻의 속담

① 독 안에 쥐.

② 그물에 든 새.

③ 댓진 먹은 뱀.

④ 산 밖에 난 범.

401. 도토리 키재기

(1) 의미 : 우열을 가리기 힘든 것.

(2) 같은 뜻의 속담

① 참깨가 기니 짧으니 한다.

② 콩 났네 팥 났네 한다.

③ 두꺼비 씨름.

(3) 成語

① 난형난제(難兄難弟).

② 막상막하(莫上莫下).

③ 백중지간(伯仲之間).

④ 호각지세(互角之勢).

402. 독수공방에서 정든 님 기다리듯

▶찾아가기 : 331. 눈 빠지게 기다린다.

403. 돈 나는 모퉁이 죽는 모퉁이

(1) 의미 : 돈 버는 일 쉬운 일 아니다.

404. 돈으로 맺은 연분 돈 떨어지면 그만이다

(1) 의미 : 돈으로 맺은 관계 오래 못 간다.

405. 돌다리도 두드려 보고 건넌다

(1) 의미 : 모든 일 조심조심 이룬다.

(2) 같은 뜻의 속담

① 아는 길도 물어 가랬다.

② 식은 죽도 불어가며 먹어라.

③ 얕은 내도 깊게 건너라.

④ 게 다리도 떼어놓고 먹는다.

406. 돌담 배부른 것

(1) 의미 : 아무짝에도 쓸모없는 것.

(2) 같은 뜻의 속담

① 계집 입 싼 것.

② 어린애 입 잰 것.

③ 노인 부랑한 것.

407. 돌부리를 차면 발부리만 아프다

(1) 의미 : 무조건의 화풀이는 나에 대한 자해행위로 돌아온다.

(2) 해설 : 화풀이를 해도 해야 되는 것, 하면 안되는 것, 때와 장소를 가려서 해야 한다.

408. 동냥은 못 줘도 쪽박은 깨지 마라

(1) 의미 : 도와주지는 못할망정 훼방하지는 마라.

(2) 같은 뜻의 속담

① 부조는 안하더라도 제상은 차지 마소.

409. 동서 사방에 걸렸어도 북은 북

(1) 의미 : 어떠한 경우라도 그것이 그것임엔 틀림없다.

(2) 같은 뜻의 속담

① 낮에 봐도 밤나무, 밤에 봐도 밤나무.

② 십리 사방에 있어도 오리는 오리.

410. 동편이 훤하니 세상인 줄 안다

(1) 의미 : 세상 물정 모르는 천치 바보.

(2) 해설 : 날 샐 조짐의 '동편 훤해짐' 하나만 알고 다른 건 모른다.

(3) 같은 뜻의 속담

① 밥그릇이 수북하니 생일로만 여긴다.

② 솔잎이 푸르르니 오뉴월로만 여긴다.

③ 둥 둥 하니 굿으로만 여긴다.

④ 달의 새끼 발 벗으니 오뉴월로만 안다.

411. 되는 것도 없고 안되는 것도 없다

(1) 의미 : 부정한 방법이 판치는 어지러운 세상.

(2) 해설 : 순리에 의한 정당한 것이 통하지 않고 뇌물 등 부정한 방법에 의해 정당한 것으로 둔갑된 부당한 것이 판치고 있는 것.

(3) 같은 뜻의 속담

① 육법에 무법 불법을 합쳐 팔법을 쓴다.

② 못난 놈 잡아들이라면 없는 놈 잡아들인다.

412. 되는 집 며느리는 물에 빠져도 그것으로 시아버지 반찬 감을 잡아 나온다

(1) 의미 : 시아버지의 며느리 사랑에 대한 며느리의 정성스런 보답.

(2) 같은 뜻의 속담

① 되는 집 가지나무에는 수박이 열린다.

413. 되질은 할수록 줄고 말은 할수록 는다

다

(1) 의미 : 말은 전해질수록 원래 뜻에서 과장되어 전파된다.

414. 된서리 맞다

(1) 의미 : 심각한 타격을 받았다.

415. 된장 쓴 것은 일 년 원수, 아내 나쁜 건 백 년 원수

(1) 의미 : 배우자를 잘 선택하는 것의 중요성을 강조하는 말.
(2) 해설 : 아내가 마음에 안 든다고 외면할 수는 없는 노릇.
(3) 같은 뜻의 속담
① 먹기 싫은 음식은 개나 주지 사람 싫은 건 할 수 없다.
② 일생 화근은 성품 고약한 아내.
③ 물과 불과 악처는 삼 대 재액.
④ 남편 잘못 만나면 당대 원수, 아내 잘못 만나면 삼 대 원수.
(4) 연상되는 속담
① 아예 팔자 험하거든 두 번 팔자 보지마라.
② 바다에 나갈 땐 한 번 기도하라. 전쟁터에 나갈 때는 두 번 기도하라. 결혼할 땐 세 번 기도하라. ※서양 속담

416. 된장에 풋고추 궁합

(1) 의미 : 딱 맞는 궁합.
(2) 같은 뜻의 속담
① 가을 낙지에 피조개 궁합.
② 조청에 찰떡궁합.

417. 두견이 목에 피 내어 먹듯

(1) 의미 : 악랄한 착취.
(2) 해설 : 두견새의 울음소리는 매우 슬프다. 그 슬픈 울음에 나는 피를 취하고 있다.

418. 두꺼비 씨름

▶찾아가기 : 401. 도토리 키재기.

419. 두 다리가 세 다리로 되었다

(1) 의미 : 지팡이 짚는 신세 되었다.

다

420. 두렁에 누운 소

▶찾아가기 : 376. 댑싸리 밑에 개 팔자.

421. 두루 춘풍

(1) 의미 : 누구를 대해도 온화하게 대해주는 사람.
(2) 같은 뜻의 속담
① 뼈 없어 좋은 ×이다.

422. 두말하면 잔소리

(1) 의미 : 더 이상 물어볼 필요가 없을 정도의 확실한 사실.
(2) 같은 뜻의 속담
① 두말하면 숨차지.
② 두 번 물어보면 편지 문안이지.
③ 장님이 더듬어 봐도 알 노릇.
④ 뇌성벽력은 귀머거리라도 듣는다.
⑤ 세말하면 침이 마르지.

423. 두메로 꿩 사냥 보내고 나서

(1) 의미 : 우선 이것부터 해결하고 나서 그다음에 생각한다.

424. 두부 딱딱한 것과 여자 딱딱한 것은 쓸모가 없다

(1) 의미 : 여자는 모름지기 상냥하고 유순해야 하는 게 모든 남자들

의 공통된 바람이다.

425. 두부집 며느리는 콩집 딸이라고

▶찾아가기 : 16. 가던 날이 장날이다.

426. 두 손에 떡

(1) 의미 : 어떤 일처리 방법을 놓고 어떤 방법을 택할까 고민하는 모양새.

(2) 해설 : 두 손에 떡을 쥐고 오른손에 있는 떡을 먹을까 왼손에 있는 떡을 먹을까 재고 있다.

(3) 같은 뜻의 속담

① 안방에 가면 더 먹을까 부엌에 가면 더 먹을까.

② 이 장 떡이 큰가 저 장 떡이 큰가.

427. 둘이 먹다 하나가 죽어도 모르겠다

(1) 의미 : 맛 좋기가 이를 데 없다.

(2) 같은 뜻의 속담

① 나무칼로 귀를 베어도 모르겠다.

428. 둘째 며느리 얻어 봐야 맏며느리 착한 줄 안다

(1) 의미 : 어떤 계기가 있어야 그것의 진가를 알게 되는 모양새.

(2) 해설 : 맏며느리만 얻었을 때는 맏며느리의 행동이 착한 행동인지 아닌지 피부에 와닿지 않는다. 그런데 둘째 며느리를 얻고 나서 보니까 맏며느리가 착하구나 하는 것을 실감할 수 있게 된다.

429. 뒤웅박 팔자

(1) 의미 : 기구한 팔자.

(2) 해설 : 뒤웅박은 아가리가 좁은 바가지. 거기 갇히면 빠져나올

방법이 없다.

(3) 같은 뜻의 속담

① 뒴박팔자.

(4) 연상되는 속담

① 댑사리 밑에 개 팔자.

② 두렁에 누운 소.

③ 풍년 개 팔자.

다

430. 뒷간 갈 적 다르고 나올 적 다르다

(1) 의미 : 아쉬울 때와 아쉬움을 해결한 후의 태도가 달라진다.

(2) 해설 : 뒷간 갈 적은 아쉬울 때, 뒷간 나올 적은 아쉬움이 해결된 후 느긋할 때를 말한다. 사람의 마음이란 대체로 상황이 바뀌면 마음가짐도 확연히 달라진다.

(3) 같은 뜻의 속담

① 사람의 마음은 조석변이라.

② 사람의 마음은 하루에도 열두 번 변한다.

(4) 연상되는 속담

① 토끼를 잡으면 사냥개를 잡는다.

431. 뒷간과 사돈집은 멀어야 한다

(1) 의미 : 사돈 집들이 가까이 있으면 여러 가지 바람직하지 않은 말들이 많게 되니 너무 가까운 위치에서 살지 말라고 권장하는 속담.

432. 뒷동산 딱따구리는 생나무도 뚫는데 우리집 멍텅구리는 뚫린 구멍도 못 뚫는다

(1) 의미 : 잠자리 관련 남편에 대한 아내의 불만을 표현하는 말.

(2) 같은 뜻의 속담

① 서방인지 남방인지 모르겠다.

433. 뒷집 영감 앞집 마님 지내듯

(1) 의미 : 부부관계가 뒷집 영감이 앞집 마님 대하듯 서먹서먹한 관계임을 뜻하는 속담.

434. 드는 정은 몰라도 나는 정은 안다

(1) 의미 : 정이 드는 것은 오랜 기간 은은히 형성된 정이다보니 실감하기 어렵고, 정이 떨어지는 것은 어떤 순간에 일어나는 일이다 보니 분명하게 알 수 있다.

435. 드러난 쌍놈이 울 막고 사랴

(1) 의미 : 제대로 결과되지 않은 인생에서 이것저것 가릴 것 없다는 푸념조의 속담.

(2) 같은 뜻의 속담

① 들고나면 초롱꾼 자고나면 상두꾼.

※초롱꾼은 가마 앞에서 촛불 들고 가는 사람, 상두꾼은 상여 메고 가는 사람.

② 이왕 버린 몸.

③ 도마 위 고기 칼 무서워하랴.

④ 이판사판이다.

(3) 成語 : 자포자기(自暴自棄)

436. 듣기 좋은 이야기도 한 두 번

(1) 의미 : 아무리 좋은 말, 아무리 좋은 노래라도 계속하면 싫증을 느끼게 된다.

(2) 같은 뜻의 속담

① 듣기 좋은 육자배기도 한 두 번.

② 찰떡도 한 두 끼.

437. 듣자는 귀요 보자는 눈이다

(1) 의미 : 남의 말을 들을 때는 정확히 들어야 하고, 사물을 볼 때는 정확히 봐야 한다.

438. 들고 나면 초롱꾼 메고 나면 상두꾼

▶찾아가기 : 435. 드러난 쌍놈이 울 막고 사랴.

439. 들었다 놨다 한다

(1) 의미 : 상대방을 자기 뜻대로 움직이고 조종한다.

(2) 같은 뜻의 속담

① 쥐었다 폈다 한다. (또는 쥐락 펴락 한다.)

(3) 연상되는 속담

① 엿장수 마음대로.

② 공깃돌 놀리듯.

③ 떡 주무르듯.

440. 들은 말 들은 데 버리고 본 말 본 데 버려라

(1) 의미 : 말을 함부로 옮기지 마라.

441. 등 시린 절 받기 싫다

(1) 의미 : 내가 푸대접한 사람한테서 대우받는 것은 부담스러운 일이다.

442. 등잔 밑이 어둡다

(1) 의미 : 자기가 알 수 있을 듯한 일을 모르고 있다.

(2) 같은 뜻의 속담

① 제 눈이 제 눈썹 못 본다.

② 법 밑에 법 모른다.

③ 멱부리 암탉이다. ※멱부리는 턱 밑에 난 털.

(3) 연상되는 속담.

① 등잔 뒤가 밝다.

443. 등잔 뒤가 밝다

(1) 의미 : 무슨 일이든 제 3자적 입장에서 봐야 사건의 진위를 올바로 판단할 수 있다.

444. 등치고 간 내 먹는다

(1) 의미 : 친한 척하면서 해악을 입힌다.

(2) 해설 : 등치는 것은 '친한 관계의 표현', '간 내 먹는다'는 해악을 입히는 것.

(3) 같은 뜻의 속담

① 어르고 빰친다.

(4) 연상되는 속담

① 아저씨 아저씨 하며 길짐만 지운다.

② 아주머니 아주머니 하며 외상 술 달란다.

445. 딸 덕에 부원군

(1) 의미 : 남의 덕에 어떤 일을 성공적으로 이루는 모양새.

(2) 해설 : 부원군은 관직의 하나로 임금의 장인에게 부여되는 관직이었다.

446. 딸은 두 번 서운하다

(1) 의미 : 출산시는 아들 아닌 딸 임이 서운했고, 출가시킬 때는 보내는 딸이 서운하다.

447. 딸은 출가외인

(1) 의미 : 딸은 시집가면 남의 집 식구.

(2) 연상되는 속담

① 며느리는 종신 식구.

448. 딸의 시앗은 바늘방석에 앉히고 며느리의 시앗은 꽃방석에 앉힌다

(1) 의미 : 며느리보단 딸을 더 위하는 시어머니들의 속성. 딸보다는 며느리를 더 싫어하는 시어머니들의 속성.

(2) 해설 : 딸의 시앗은 딸의 남편이 얻어들인 첩. 그 첩은 딸의 입장에선 눈엣가시다. 따라서 딸의 어머니 입장에서도 똑같은 눈엣가시이니 바늘방석에 앉힌다.

며느리의 시앗은 며느리의 남편 즉 시어미의 아들이 얻어들인 첩이고 며느리 입장에서는 눈엣가시다.

그러나 며느리를 미워하는 시어미 입장에선 시앗을 미워할 이유가 없다. 그래서 꽃방석에 앉힌다.

(3) 같은 뜻의 속담

① 비빔그릇 설거지는 며느리 시키고 죽 먹은 설거지는 딸 시킨다.

② 봄볕에는 며느리 쬐이고 가을볕에는 딸 쬐인다.

③ 며느리가 누는 오줌소리는 쇄 하고 딸이 누는 오줌소리는 은조롱 금조롱 한다.

④ 며느리가 미우면 발 뒤꿈치가 달걀 같다 한다.

449. 땅에서 솟았나 하늘에서 떨어졌나

(1) 의미 : 조상과 부모를 몰라보는 불효를 나무라는 것.

(2) 같은 뜻의 속담

① 뉘 덕으로 잔뼈가 굵었느냐.

(3) 연상되는 속담

① 땅에서 솟았나 하늘에서 내려왔나.

※암행어사가 된 이도령이 춘향에게 사랑 맹세의 증거인 「옥지환」을 변 사또 생일잔치에서 춘향에게 건넸을 때 춘향이 놀랍도록 기뻐하며 했던 말.

450. 땅을 칠 노릇

(1) 의미 : 분함이 이를 데 없다.

451. 땅 짚고 헤엄치기

(1) 의미 : 아주 수월한 것.

(2) 같은 뜻의 속담

① 식은 죽 먹기.

② 누워 떡 먹기.

③ 누운 소 타기.

④ 손 안 대고 코 풀기.

⑤ 흘러가는 물 퍼주기.

452. 때리는 시어미보다 말리는 시누이가 더 밉다

(1) 의미 : 미운 사람이 미운 행동 하는 것보다 미운 사람이 예쁜 행동을 하는 척 하는 게 더 밉다.

(2) 해설 : 시어미, 시누이는 모두 며느리 입장에서는 미운 사람들이다. 그런데 그 시어미는 직접 때리는 행위를 함으로써 미운 마음을 노출시키고 있는데 그 시누이는 본색을 감추고 때리는 것을 말림으로써 며느리에게 우호적인 듯한 태도를 취하고 있다.

(3) 같은 뜻의 속담

① 때리는 놈보다 말리는 놈이 더 밉다.

453. 때리는 척하면 우는 척도 해야 한다

(1) 의미 : 서로간에 손발이 잘 맞아야 일이 수월하게 이루어진다.

(2) 같은 뜻의 속담
① 도둑질도 손발이 맞아야 한다.
② 숯불도 한 덩이는 죽는다.
③ 백지장도 맞들면 낫다.

454. 때린 놈은 오므리고 자고 맞은 놈은 펴고 잔다

(1) 의미 : 죄지은 자의 심기는 불편하기 마련이다.
(2) 해설 : 어떤 원인에서건 때린 놈 심기가 편할 수 있을까. 그러니 다리를 오므리고 자는 수밖에 없다.
(3) 같은 뜻의 속담
① 때린 놈은 가로 가고 맞은 놈은 가운데로 간다.

455. 떠들기는 천안삼거리

(1) 의미 : 왁자지껄 요란하게 떠드는 모양새.
(2) 같은 뜻의 속담
① 왕방울로 솥을 가신다.

456. 떠오르는 달이다

(1) 의미 : 모습이 아름답기 그지없다.

457. 떡도 떡 같이 못 해먹고 찹쌀 한 섬만 다 없앴다

(1) 의미 : 연애다운 연애도 못하고 힘만 들었다.
(2) 해설 : 옛날엔 남녀간의 정사를 '떡 해먹는다'고 표현했었다.

458. 떡 먹은 입 쓸어치듯

(1) 의미 : 어떤 일을 해 놓고 자기가 안한 척 흔적을 없애는 것.

459. 떡 본 김에 제사 지낸다

(1) 의미 : 어떤 계기로 다른 일까지 한꺼번에 해결한다.

(2) 같은 뜻의 속담

① 넘어진 김에 쉬어간다.

② 비 맞은 김에 머리 빗는다.

③ 활 당긴 김에 콧물 닦는다.

④ 소매 긴 김에 춤춘다.

⑤ 한 잔 먹은 김에 노래한다.

⑥ 홧김에 서방질한다.

460. 떡 주무르듯

(1) 의미 : 제 마음대로의 일처리.

(2) 같은 뜻의 속담

① 엿장수 마음대로.

② 공깃돌 놀리듯.

③ 제 × 꼴리는 대로.

(3) 연상되는 속담

① 들었다 놨다 한다.

② 쥐었다 폈다 한다.

461. 떡 줄 놈은 생각도 않는데 김칫국부터 마신다

▶찾아가기 : 306. 너구리 굴 보고 피 물 돈 내 쓴다.

462. 떡 해 먹을 집안

(1) 의미 : 분란이 잦은 집안.

(2) 해설 : 집안에 분란이 잦아 떡 해 놓고 고사라도 지내야 할 지경이다.

(3) 연상되는 속담

① 씨암탉 잡은 듯하다.

463. 떨어진 주머니에 어패 들었다

(1) 의미 : 겉과 달리 내용이 실하다.
(2) 해설 : 어패는 임금이 암행어사에게 수여하는 암행어사 증명 패.
(3) 같은 뜻의 속담
① 뚝배기보다 장맛.
② 얽은 구멍에 슬기 들었다.
③ 꾸러미 속에 단장 들었다.
④ 질병에 감 홍로.
(4) 연상되는 속담
① 빛 좋은 개살구.
② 이름 좋아 불로초.
③ 허울 좋은 하늘타리.
④ 명주 자루에 개똥.

464. 떫기로 고욤 하나 못 먹을까

(1) 의미 : 그 정도의 일은 나도 할 수 있다.

465. 떼어놓은 당상

(1) 의미 : 내 것으로 확정되어 있으니 염려할 필요 없다.
(2) 해설 : 당상은 조선시대 벼슬의 하나.
(3) 같은 뜻의 속담
① 떼어놓은 당상 좀 먹으랴.
② 받아논 밥상.
③ 아무 때 먹어도 김가가 먹을 것.
※사위 되는 김가가 처가에서 장인 장모로부터 듣는 말.

466. 뚝배기 깨지는 소리

(1) 의미 : 날카로워서 듣기 싫은 목소리
(2) 같은 뜻의 속담
① 돼지 멱 따는 소리.

다

② 고자 힘줄 같은 소리.

(3) 연상되는 속담

① 옥반에 진주 구르듯.

467. 뚝배기보다 장맛

▶찾아가기 : 463. 떨어진 주머니에 어패 들었다.

468. 뜸부기 제소리 한다

(1) 의미 : 자기 자랑.

(2) 같은 뜻의 속담

① 뻐꾸기 제소리 한다.

② 구렁이 제 몸 추듯.

(3) 연상되는 속담

① 당나귀 × 자랑.

② 앉은뱅이 × 자랑.

③ 거지 동냥바가지 자랑.

469. 뛰어봤자 벼룩

(1) 의미 : 도망쳐 봤자 별수 없다.

(2) 같은 뜻의 속담

① 뛰어 봤자 부처님 손바닥.

② 뛰어 봤자 복사뼈.

(마)

마

470. 마른하늘에 날벼락

(1) 의미 : 예기치 못한 큰 재앙.

(2) 같은 뜻의 속담

① 삼경에 만난 액. ※삼경은 자정(밤 12시)

471. 마소의 새끼는 제주로 보내고 사람의 새끼는 서울로 보내라

(1) 의미 : 사람은 모름지기 배워서 견문을 넓혀야 하기에 서울로 보내라.

472. 마음씨가 고우면 앞섶이 아문다

(1) 의미 : 사람은 모름지기 마음씨가 고와야 한다.

(2) 같은 뜻의 속담

① 비단이 곱다 해도 마음씨같이 고운 건 없다.

② 마음이 고우면 북두칠성이 굽어보신다.

③ 마음을 잘 가지면 죽어도 옳은 귀신이 된다.

473. 마음에 없으면 보이지도 않는다

(1) 의미 : 관심 없으면 보이지도 않는다.

(2) 같은 뜻의 속담

① 마음에나 있어야 꿈을 꾸지.

(3) 연상되는 속담

① 마음에 없는 염불

474. 마음은 굴뚝 같다

(1) 의미 : 간절한 마음.

475. 마음을 잘 가지면 죽어도 옳은 귀신 된다

▶찾아가기 : 472. 마음씨가 고우면 앞섶이 아문다.

476. 마지막 담배 한 대는 기생첩도 안준다

(1) 의미 : 애연가들의 담배를 즐기는 속성을 지칭한 속담.

477. 마파람에 게눈감추듯

(1) 의미 : 음식을 순식간에 먹어치우는 모양새.

(2) 같은 뜻의 속담

① 삼 동서 김 한 장 먹듯.

② 남양 원님 굴 회 마시듯.

※남양은 경기도 화성시 해변. 굴로 유명한 고장. 하도 맛있어서 부임하는 원님은 우선 굴 회부터시식해 본다.

③ 두꺼비 파리 잡아먹듯.

④ 귀신 잿 밥 먹듯.

478. 마파람에 돼지 불알 놀듯

(1) 의미 : 하는 일 없이 빈둥빈둥 무위도식하는 자를 나무람.

(2) 같은 뜻의 속담

① 부잣집 가운데 자식.

② 뱃놈의 개.

※개의 주된 쓰임은 도둑을 지키는 것인데, 배 안에 도둑이

있을 리 없으니 뱃사람이 주는 밥이나 먹고 있으면 되겠다.

479. 만만치 않기는 사돈집 안방일세

(1) 의미 : 인간관계에서 대하기가 상당히 불편한 사람을 뜻함.

(2) 해설 : 사돈은 어려운 관계. 거기다 사돈의 안방이면 얼마나 불편할 것인가.

(3) 연상되는 속담

① 눈엣가시.

② 바늘방석.

③ 가시방석.

480. 만만한데 말뚝 박는다

(1) 의미 : 강한 자가 약한 자를 무시하는 모양새.

481. 만만한 싹을 보았나

(1) 의미 : 강자에게 무시당하는 약자의 항변.

(2) 같은 뜻의 속담

① 나는 이름도 성도 없다더냐.

② 알기를 흑싸리 껍데기로 안다.

③ 알기를 개 ×으로 안다.

④ 바지저고리인 줄 아나.

⑤ 발가락의 티눈 만큼도 안 여긴다.

⑥ 만만한게 홍어 ×이더냐.

482. 만사 불여튼튼이다

(1) 의미 : 모든 일처리는 조심하여 안전하게 처리하는 게 최선이다.

483. 맏딸은 금 주고도 못 산다

(1) 의미 : 맏딸의 귀한 가치를 일컫는 속담.

(2) 해설 : 맏딸은 가장 믿을 수 있고, 살림에 가장 많이 도움을 주는 자식이다.

(3) 같은 뜻의 속담

① 맏딸은 살림 밑천

(4) 연상되는 속담

① 내 손이 내 딸이다.

※내 손으로 직접 하는 것이 제일 믿음직스럽다는 뜻.

484. 말 다 하고 죽은 귀신 없다

(1) 의미 : 내키는 대로 말 다 하고 죽은 사람 없음을 명심하고 남에게 막말은 절대 하지 마라.

(2) 같은 뜻의 속담

① 말 다 하고 죽은 무덤 없다.

② 무덤가에 가도 막말은 마라.

③ 임찬말은 무덤가에 가서 하라.

485. 말도 사촌까지는 상피를 본다

(1) 의미 : 근친상간을 경계하는 말.

(2) 해설 : 말도 사촌까지는 상간하지 않는데 하물며 인간이 근친상간하면 되겠느냐.

486. 말뚝 동서요 구멍 동서라

(1) 의미 : 떳떳하지 못하게 이루어진 동서 관계.

487. 말로는 못 할 말이 없다

(1) 의미 : 언행일치하지 않는 사람을 나무라는 말.

(2) 같은 뜻의 속담

① 말로 해서는 애도 안 생긴다.

② 말로 온동네를 겪는다.

③ 앵무새는 말은 잘하지만 나는 새다.

488. 말로는 속여도 눈길은 못 속인다

(1) 의미 : '눈길'엔 거짓이 없다.

489. 말로 배워 되로 풀어 먹는다

(1) 의미 : 배운 것을 실생활에 활용하지 못하고 있다.

490. 말로 해서는 애도 안 생긴다

▶찾아가기 : 487. 말로는 못 할 말이 없다.

491. 말만 잘하면 천 냥 빚도 갚는다

(1) 의미 : 공손한 말의 효과를 일컫는 것.
(2) 같은 뜻의 속담
① 말만 잘하면 비지 사러 갔다가 두부 사온다.
(3) 연상되는 속담
① 말 잘하고 징역가랴.

492. 말 속에 말이 있고 글 속에 글이 있다

(1) 의미 : 말은 비유에 의해 의도된 본 뜻이 중요하고 토씨에 따라 의미가 달라진다.
(2) 같은 뜻의 속담
① 아해 다르고 어해 다르다.
(3) 연상되는 속담
① 말은 넌지시 하는 말이 비싸다.

493. 말 안하면 귀신도 모른다

(1) 의미 : 의사표시를 안하면 그 사람의 마음 속 알기 어렵다.
(2) 같은 뜻의 속담

① 벙어리 속은 제 어미도 모른다.

(3) 연상되는 속담

① 말은 해야 맛, 고기는 씹어야 맛, 님은 품어야 맛.

494. 말은 끌어야 잘 가고, 소는 몰아야 잘 간다

(1) 의미 : 합당한 조치에 합당한 결과가 나온다.

(2) 해설 : 말은 끌어야 잘 가고 소는 몰아야 잘 가는 특성이 있다.

495. 말은 넌지시 하는 말이 비싸다

(1) 의미 : 말은 비유로 본 뜻을 나타내는 것이 가장 좋은 방법이다.

496. 말은 밑부터 해야 하고 머리는 끝부터 잘라야 한다

(1) 의미 : 말할 때는 상대방이 이해하기 쉽게 사건의 시작에서부터 차근차근 이야기해야 한다.

(2) 연상되는 속담

① 침착한 여인네가 장롱 속에 옷가지 챙겨 넣듯.

※정비석의 산정무한.

497. 말이 많으면 쓸 말이 적다

(1) 의미 : 말은 잡다하게 많이 늘어놓으면 핵심적 내용을 빠뜨리기 쉬우니 말은 간단히 요점만 언급하는 것이 가장 좋은 방법이다.

498. 말이 보증수표

(1) 의미 : 언행이 항상 일치하는 사람을 칭찬하는 것.

499. 말이 씨 된다

(1) 의미 : 좋지 않은 일에 관련된 말을 자꾸 하게 되면 그 좋지 않은 일이 실제로 일어날 수 있으니 말조심하라는 속담.

500. 말이 아니면 듣지를 말고 말이 아니면 탓하지 마라

▶찾아가기 : 218. 길이 아니면 가지를 말고 말이 아니면 듣지를 마라.

501. 말은 해야 맛, 고기는 씹어야 맛, 님은 품어야 맛

(1) 의미 : 말의 맛을 진정으로 느낄 수 있는 것은 마음 속 생각을 말로 표현하는 것이다.

502. 맛없는 국이 뜨겁기만 하다

(1) 의미 : 사람답지 못한 자 까다롭기만 하다.
(2) 같은 뜻의 속담
① 맛없는 음식 뜨겁기만 하다.
② 먹지도 못할 풀이 오뉴월에 겨우 난다.
③ 못된 일가 항열만 높다.

503. 망신살이 무지개처럼 뻗쳤다

(1) 의미 : 되게 망신당했다.

504. 망신하려면 애비 이름자도 안 나온다

(1) 의미 : 망신 당할 징조.
(2) 해설 : 사생아가 아닌 다음에야 아버지 이름 모르는 사람 있을까? 그런데 그 아버지 이름자가 기억이 안 될 지경이니 얼마나 망신스러울까?
(3) 같은 뜻의 속담
① 집안이 망신 하려면 맏며느리 턱에 수염이 난다.
② 집안이 망신 하려면 생쥐가 춤을 춘다.

505. 매도 먼저 맞는 놈이 낫다

마

(1) 의미 : 기왕 치러야 할 일은 빨리 치루는 것이 편하다.
(2) 같은 뜻의 속담
① 볼기짝도 첫 곤장에 들이대랬다.
② 오뉴월 품앗이도 먼저 하랬다. ※품앗이란 농촌에서 농사일을 주고받는 물물교환 방식의 노동 교환을 일컬음.

506. 맵기는 과부집 굴뚝이라

(1) 의미 : 몹시 맵다.
(2) 해설 : 부엌에서 불을 때면 그 연기는 굴뚝을 통해 배출된다. 이때 장작 등의 땔감이 잘 말라 있고 순조롭게 불을 때면 연기가 순조로이 굴뚝으로 배출되기에 부엌에서는 맵게 느껴지지 않는다. 그런데 장작이 잘 말라있지 않으면 불에 잘 타지 않아서 연기가 많이 나오게 되고 너무 많은 연기는 부엌에도 가득 차게 되어 몹시 맵게 된다. 과부는 남편이 없는 상황이라 장작을 잘 마르게 관리할 수 없다 보니 잘 마르지 않은 장작을 사용하게 되고 연기가 매울 수 밖에 없다.

507. 맺고 끊은 듯

(1) 의미 : 일처리가 깔끔하고 완벽하다.

508. 머리는 끝부터 자르고 말은 밑부터 해라

▶찾아가기 : 496. 말은 밑부터 해야 하고 머리는 끝부터 잘라야 한다.

509. 머리 둘 데를 모른다

(1) 의미 : 처신을 잘 못하는 사람을 나무람.
(2) 같은 뜻의 속담
① 앉을 자리 설 자리를 모른다.

510. 머리에 피도 안 말랐다

(1) 의미 : 버릇없는 건방진 행동을 꾸짖는 말.

(2) 해설 : '머리에 피 안 말랐다'는 표현은 젊은 놈의 버릇없는 행동을 지칭하는 것으로 해석된다.

(3) 같은 뜻의 속담

① 대가리에 피도 안 말랐다.

마

511. 먹기 싫은 음식은 개나 주지 사람 싫은 건 할 수 없다

▶찾아가기 : 415. 된장 쓴 것은 일 년 원수, 아내 나쁜 건 백 년 원수

512. 먹는 죄는 없단다

(1) 의미 : 인간의 기본 욕구인 배고픔의 해결을 위해 먹는 죄는 크게 죄 된 것이 아니라는 인간성이 감안된 속담.

(2) 같은 뜻의 속담

① 먹는 죄는 종지굽으로 하나.

(3) 연상되는 속담

① 먹을 땐 개도 안 때린다.

513. 먹을 땐 개도 안때린다

(1) 의미 : 기본 욕구인 먹는 것에 관한 죄는 인간은 물론이지만 짐승에게도 똑같이 관대해야 한다.

514. 며느리가 미우면 발뒤꿈치가 달걀 같다 한다

▶찾아가기 : 251. 나물밭에 똥 눈 개는 늘 저 개 저 개 한다.

515. 며느리 사랑은 시아버지, 사위 사랑은 장모

(1) 의미 : 며느리를 가장 사랑하는 사람은 시아버지, 사위를 가장

사랑하는 사람은 장모.

(2) 같은 뜻의 속담

① 시아버지는 며느리가 뻐드렁니에 애꾸라도 예뻐하고, 장모는 사위가 곰보라도 예뻐한다.

516. 모가지가 열두 개라도 모자라겠다

(1) 의미 : 위험한 짓거리만 하고 다닌다.

(2) 같은 뜻의 속담

① 사자 밥을 목에 달고 다닌다.

517. 모난 돌이 정 맞는다

(1) 의미 : 강직한 자나 똑똑한 자는 눈총과 미움의 대상이 된다.

(2) 해설 : 석공(石工)이 돌로 작품을 만들 때 모난 돌은 정으로 쪼고 다듬어 만드는데 그 쪼는 돌을 이 속담에서는 눈총과 미움을 받는 사람으로 보는 것이다.

(3) 연상되는 속담

① 곧은 나무 먼저 꺾인다.

518. 모로 가도 서울만 가면 된다

(1) 의미 : 수단이 어떠하든 목적 달성이 우선이다.

(2) 같은 뜻의 속담

① 모로 가나 기어 가나 서울 남대문만 가면 그만이다.

② 꿀은 적어도 약과만 달면 된다.

③ 모로 던져도 마름쇠. ※마름쇠는 던져서 적을 방어하는데 쓰던 무기의 하나. 어떻게 던지든 마름쇠의 기능은 달라질 게 없다.

519. 모른 척하고 떡목판에 넘어진다

(1) 의미 : 둔한 척하며 성적 실속을 차린다.

520. 모진 놈 옆에 있다 벼락 맞는다

(1) 의미 : 나쁜 행동을 하는 자와 친하게 지내다 같이 벌을 받는다.

(2) 같은 뜻의 속담

① 죄 지은 놈 옆에 있다 벼락 맞는다.

② 동무 사나워 뺨 맞는다.

③ 개를 따라가면 측간으로 간다.

마

521. 목구멍에 풀칠한다

(1) 의미 : 간신히 겨우겨우 살아가고 있다.

522. 목단꽃이 곱다 해도 벌 나비가 찾지 않는다

(1) 의미 : 얼굴만 곱다고 여자가 아니고 마음씨가 고와야 여자다.

(2) 해설 : 목단꽃은 화려하게 예쁘나 꿀이 없다. 그래서 벌, 나비가 오지 않는다. 즉 여자가 마음씨가 곱지 않으면서 얼굴만 예뻐 봤자 여자의 가치는 높게 평가될 수 없다.

523. 목마른 자가 우물 판다

(1) 의미 : 아쉬운 자가 아쉬움을 해결하기 위해 우선 나서야 한다.

(2) 같은 뜻의 속담

① 답답한 놈이 송사한다.

② 입이 밥 빌어 오지 밥이 입 빌러 올까.

(3) 연상되는 속담

① 관 쓴 거지 얻어먹지 못한다.

524. 못난 놈 잡아들이라면 없는 놈 잡아들인다

(1) 의미 : 뇌물에 의한 부정한 행태.

(2) 해설 : 잘못한 사람 벌주라고 하니까 잘못한 사람한테 뇌물을 받고 엉뚱하게 죄 없는 사람을 벌주고 있다.

(3) 같은 뜻의 속담

① 되는 것도 없고 안되는 것도 없다.

525. 못된 수캐 앉으나 서나 × 자랑

(1) 의미 : 수캐는 때와 장소를 가리지 않고 제 성기 자랑하듯 내놓고 있는 습성이 있다.

526. 못된 아내가 효자보다 낫다

(1) 의미 : 마음에 안드는 아내일지라도 자식들의 효도보다 낫다.

(2) 같은 뜻의 속담

① 달 밝은 밤이 흐린 낮보다 못하다.

527. 못된 일가 항렬만 높다

(1) 의미 : 못된 자 까다롭기만 하다.

(2) 같은 뜻의 속담

① 못된 소나무 솔방울만 많다.

② 못된 나무 열매만 많다.

③ 못 먹는 풀 오뉴월에 겨우 난다.

528. 무당네 뒷집에서 살았나

(1) 의미 : 무슨 일에 대해서 잘 맞추는 사람을 재미있게 표현한 말.

529. 무섭다니까 바스락거린다

(1) 의미 : 남의 약점을 교묘히 이용하여 괴롭히는 모양새.

(2) 같은 뜻의 속담

① 가만히 먹으라니까 뜨겁다 한다.

530. 무쇠도 달면 어렵다

(1) 의미 : 내성적인 자 성나면 더 무섭다.

(2) 같은 뜻의 속담
① 강철이 달면 더 뜨겁다.
② 김 안 나는 숭늉이 더 뜨겁다.
(3) 연상되는 속담
① 소도 화낼 때가 있다.
② 부처님도 화낼 때가 있다.
③ 지렁이도 밟으면 꿈틀 한다.
④ 고인 물도 밟으면 치솟는다.

마

531. 무엇 좀 하려면 애가 깬다

(1) 의미 : 어떤 일 이루고자 계획하면 꼭 장애물이 생긴다.
(2) 해설 : 부부가 애정을 나누려 하면 자던 애가 깨서 방해하고 있다.
(3) 같은 뜻의 속담
① 시어미 건기침에 임 떨어진다.
② 좁은 데 장모 낀다.

532. 무자식이 상팔자

(1) 의미 : 속 썩이는 자식 둔 부모의 애처로운 절규.

533. 문경이 충청도가 됐다 경상도가 됐다 한다

(1) 의미 : 금방 탄로나는 거짓말.
(2) 해설 : 문경은 충청도가 아닌 경상도다. 그런데 충청도라 하고 있으니 금세 탄로가 나서 항의를 받고 다시 경상도라 고쳐 말한다.
(3) 같은 뜻의 속담
① 한 입으로 온까마귀질 한다.
② 한 입으로 두 말 한다.

534. 문비를 거꾸로 붙이고 환장이 나무란다

(1) 의미 : 내가 잘못한 것을 남의 탓으로 돌린다.

(2) 해설 : 문비는 유명한 장수의 화상을 그려 문에 붙인 것. 그것을 자기가 거꾸로 붙여 놓고 환장이(화가)를 탓하고 있다.

(3) 같은 뜻의 속담

① 안되면 조상 탓.

② 안되면 지관 탓.

③ 봉사 개천 탓.

④ 국수 못하는 년 피나무 안 반 탓.

535. 문서 없는 종

(1) 의미 : 아내(처)의 다른 표현.

536. 문선왕 끼고 송사한다

(1) 의미 : 배후 권력을 업고 세도를 부리는 형태.

(2) 해설 : 문선왕은 공자의 시호.

(3) 같은 뜻의 속담

① 산 진 거북이요 돌 진 가재라.

② 호랑이 뒤를 따르는 여우의 위세.

537. 묻는 것은 일시의 수치, 모르는 것은 평생의 수치

(1) 의미 : 모르면 누구에게라도 물어서 아는 것이 최선이다.

(2) 해설 : 모르면서 아는 체하면 평생 모른다.

538. 묻지 마라 갑자생

(1) 의미 : 그 정도 내가 모를까 보냐.

(2) 해설 : 그 정도 내가 모를까 봐 물어보느냐 하며 '너무 나를 무시하지 마라' 라는 의미가 깔려 있다.

539. 물귀신 심사

(1) 의미 : 자기의 고통 속에 남들을 끌어들여 같이 고통을 겪자는 고약한 심보.

540. 물라는 쥐나 물지 씨암탉은 물지 마라

(1) 의미 : 시키는 일이나 제대로 할 일이지 엉뚱한 일로 사달 내지 마라.

마

541. 물 만 밥에도 목이 멘다

(1) 의미 : 하도 슬퍼 물 만 밥에도 목이 메일 정도다.

542. 물 본 기러기

▶찾아가기 : 187. 굿 들은 무당

543. 물 본 기러기 어웅을 두려워하랴

(1) 의미 : 마음에 드는 이성을 향한 불같은 열정.

(2) 같은 뜻의 속담

① 물 본 기러기 산 넘어 갈까.

② 꽃 본 나비 불을 헤아리랴.

③ 꽃 본 나비 담 안 넘을까.

(3) 연상되는 속담

① 참새가 방앗간 그냥 지나가랴.

② 쥐 본 고양이.

544. 물불 가리지 않는다

(1) 의미 : 어떤 위험도 감수하고 일을 추진하는 저돌적인 행동.

545. 물, 불, 악처는 삼 대 재액

(1) 의미 : 물난리, 불난리, 악처는 재액 중에서도 손꼽히는 재액이다.

546. 물 샐 틈 없다

(1) 의미 : 일처리가 완벽하다.

(2) 같은 뜻의 속담

① 맺고 끊은 듯 하다.

② 어느 바람이 들이불까.

547. 물 쓰듯 한다

(1) 의미 : 낭비

548. 물에 빠지면 지푸라기라도 잡는다

(1) 의미 : 위급한 상황에서 나도 모르게 나오는 행위.

(2) 같은 뜻의 속담

① 중이 강 건너갈 때는 '나무아미타불' 하고 얼음장 깨질 때는 '하느님' 한다.

② 급하면 부처 다리 안는다.

③ 벼락엔 바가지라도 뒤집어쓴다.

④ 죽게 되면 원님의 상투라도 잡는다.

549. 물에 빠진 건 건져도 색에 빠진 건 못 건진다

(1) 의미 : 남자의 바람기 바로잡기 수월치 않다.

(2) 같은 뜻의 속담

① 난봉자식 마음 잡아봤자 사흘.

② 색에 빠진 놈 약사여래가 환생해도 못 고친다.

※약사여래는 병 치료 담당하는 부처님.

550. 물에 빠진 놈 건져 놓으니 내 봇짐 내란다

(1) 의미 : 남의 은덕을 모르는 사람.

(2) 成語 : 배은망덕(背恩忘德)

(2) 연상되는 속담

① 남에게 베푼 건 잊어라. 은혜 입은 건 잊지 마라.

② 결초보은(結草報恩).

551. 물은 얼면 차게 된다

(1) 의미 : 사랑이 식으면 관계는 냉랭해진다.

552. 물이 아니면 건너지 말고 인정이 아니면 사귀질 마라

▶찾아가기 : 218. 길이 아니면 가지를 말고 말이 아니면 듣지를 마라.

553. 미꾸리국 먹고 용트림 한다

(1) 의미 : 보잘것없는 일 해 놓고 큰일 해낸 것처럼 거만을 떤다.

(2) 같은 뜻의 속담

① 진잎죽 먹고 잣트림 없다.

② 냉수 마시고 이쑤신다.

554. 미운 놈 떡 하나 더 준다

(1) 의미 : 후환에 대비하는 방법.

(2) 같은 뜻의 속담

① 미운 아이 떡 하나 더 준다.

② 미운 아이 먼저 품어라.

③ 미운 사람에겐 쫓아가 인사한다.

555. 미운 벌레 장판방에서 모로 긴다

(1) 의미 : 미운 놈 미운 짓거리만 골라가며 한다.

(2) 같은 뜻의 속담

① 모진 시어미 밥내 맡고 들어온다.
② 못생긴 며느리 제삿날 병난다.
③ 미운 년이 분 바르고 요래도 밉소 한다.
④ 밉다니까 떡 사먹으면서 서방질한다.
⑤ 미운 중 고깔 고쳐쓰고 이래도 밉소 한다.
⑥ 미운 오리새끼 한 번 더 끼룩 한다.
⑦ 미운 강아지 우쭐대며 똥싼다.

556. 미운 사람 고운 데 없고 고운 사람 미운 데 없다

(1) 의미 : 미운 자 고운 자는 첫 인상에서 결정된다.
(2) 같은 뜻의 속담
① 주러 와도 미운 사람 있고 받으러 와도 고운 사람 있다.

557. 미운 정 고운 정 다 들었다

(1) 의미 : 흠뻑 정들었다.

558. 미운 털이 박혔나

(1) 의미 : 왜 나만 미워하느냐.

559. 미장이에 호미는 있으나 마나

(1) 의미 : 아무리 중요하고 가치 있어도 나와 직접 연관 없으면 아무 의미 없다.
(2) 같은 뜻의 속담
① 과거를 아니 볼 바에야 시관이 개떡 같다.
② 내 상관 남이 두려워하랴.

560. 미친년 궁둥이 둘러대듯

(1) 의미 : 요리조리 핑계를 둘러대는 자를 나무라는 것.
(2) 같은 뜻의 속담

① 뱃놈 배 둘러대듯.

561. 미친 체하고 떡 목판에 넘어진다

(1) 의미 : 모르는 체 성욕을 취하는 모양새.

562. 믿는 도끼에 발등 찍힌다

(1) 의미 : 믿었던 자에게 배신당하는 모양.

(2) 같은 뜻의 속담

① 믿었던 돌에 발부리 채인다.

② 집안 귀신이 사람 잡아간다.

③ 십 년 먹여 기른 개에게 발등 물렸다.

④ 묻은 불이 일어난다.

(3) 연상되는 속담

① 정들었다고 정담아라.

② 굿 했다고 안심 마라.

③ 십리 밖에도 눈 찌를 막대가 있다.

(바)

563. 바늘 가는데 실 간다

(1) 의미 : 일정한 관계에서 함께 행동한다.

(2) 같은 뜻의 속담

① 봉 가는데 황 간다.

② 원앙 갈제 녹수 간다.

③ 바람 가는데 구름 간다.

④ 바람 가는데 용 간다.

⑤ 꺽꺽 푸드득 장가 갈제 아로롱 까투리 따라간다.

564. 바늘 끝만 한 일 보면 쇠공이 만큼 늘어놓는다

(1) 의미 : 과장(誇張)하는 모양새.

(2) 같은 뜻의 속담

① 겨드랑만 봐도 젖통 봤다 한다.

② 허벅지만 봐도 무엇 봤다 한다.

③ 좁쌀만큼 보면 담돌만큼 늘어놓는다.

(3) 成語 : 침소봉대(針小棒大).

565. 바늘 도둑이 소 도둑 된다

(1) 의미 : 조금 훔치는 것을 즐기다 필경 큰 도둑놈 되고 만다.

(2) 같은 뜻의 속담

① 바늘 쌈지에서 도둑 난다.

(3) 연상되는 속담

① 등겨 먹던 개 필경 쌀 먹는다.

566. 바다 고운 것과 여자 고운 것은 믿을 수가 없다

▶찾아가기 : 30. 가을 더위와 노인 건강은 믿을 수가 없다.

567. 바다는 메워도 인간의 욕심은 못 메운다

(1) 의미 : 인간의 욕심은 한이 없다.

(2) 같은 뜻의 속담

① 천 길 바닷속은 채워도 한 길 사람 속은 못 채운다.

② 열 길 물속은 메워도 한 길 사람 속은 못 메운다.

③ 학은 거북이 나이를 부러워한다.

④ 천석꾼은 만석꾼을 부러워한다.

⑤ 하면 더 하고 싶다.

⑥ 되면 더 되고 싶다.

⑦ 말 타면 종 두고 싶다.

⑧ 말 타면 경마 잡히고 싶다.

(3) 연상되는 속담

① 줄수록 양양.

② 행랑을 빌리면 안채까지 든다.

③ 말 타면 경마장 하고 싶다.

568. 바다에 갈 땐 한 번 기도해라. 전쟁터에 갈 땐 두 번 기도해라. 결혼할 땐 세 번 기도해라

(1) 의미 : 결혼할 때 배우자 선택이 잘못되면 파도에 휩쓸리는 바다, 총알이 쏟아지는 전쟁터에 비할 수 없이 큰 문제가 생기니 배우자 선택에 각별히 신경써야 한다.

(2) 연상되는 속담

① 된장 쓴 것은 일 년 원수, 아내 나쁜 건 백 년 원수.
② 일생 화근은 성품 고약한 아내.
③ 먹기 싫은 음식은 개나 주지 사람 싫은 건 할 수 없다.
④ 아예 팔자 험하거든 두 번 팔자 보지 마라.

569. 바람 부는 대로 물결치는 대로

(1) 의미 : 뚜렷한 목표 없이 되는대로 사는 인생.

570. 바람 앞에 등불

(1) 의미 : 위험천만한 상태.

571. 바람이 불다 불다 그친다

(1) 의미 : 아무리 어려운 일을 겪더라도 다시 일어날 방법은 있게 마련이다.

(2) 같은 뜻의 속담

① 하늘이 무너져도 솟아날 구멍이 있다.
② 쥐구멍에도 볕 들 날이 있다.
③ 상전이 벽해돼도 비켜설 모퉁이가 있다.
④ 사흘을 굶으면 양식 지고 오는 놈이 있다.
⑤ 달걀도 굴러가다 서는 모가 있다.
⑥ 궁하면 통한다.
⑦ 죽을 수가 있으면 살 수도 있다.
⑧ 고물 모자라는 떡 없다.
⑨ 개똥밭에도 이슬 내릴 때가 있다.

572. 바쁠수록 돌아가라

(1) 의미 : 서두르면 일을 망칠 수 있으니 바쁜 일일수록 찬찬히 꼼꼼히 처리해야 한다.

(2) 같은 뜻의 속담

① 찰찰이 불찰이라.

573. 바지저고리인 줄 아나

▶찾아가기 : 481. 만만한 싹을 보았나.

574. 박가하고 석가가 면장을 하면 성이 바뀐다

(1) 의미 : 박면장, 석면장을 발음하면 방면장, 성면장으로 들린다.

575. 반편이 명산 폐묘한다

(1) 의미 : 서투른 기술로 사람을 곤경에 빠트린다.

(2) 같은 뜻의 속담

① 서투른 무당 사람 잡는다.

② 반풍수 집안 망친다.

576. 발가락의 티눈 만큼도 안 여긴다

▶찾아가기 : 481. 만만한 싹을 보았나.

577. 발등의 불

(1) 의미 : 먼저 해결해야 할 시급한 일.

578. 발 벗고 나선다

(1) 의미 : 적극적으로 나선다.

579. 발 뻗고 잔다

(1) 의미 : 어려운 일이 해결되어 심신이 편안하다.

580. 발 없는 말 천리 간다

(1) 의미 : 말은 전파력이 강하니 말조심해야 한다.

(2) 같은 뜻의 속담
① 날개 없는 소문 천리 간다.
② 좋은 소문은 기어가고 나쁜 소문은 날아간다.

581. 밤송이 벌어지듯

(1) 의미 : 밤송이처럼 뭔가 쫙 벌어지는 모양새.
(2) 같은 뜻의 속담
① 으름 벌어지듯.
② ×내 맡고 ×× 벌어지듯.

582. 밤에는 님 보듯 낮에는 남 보듯

(1) 의미 : 애정과 예의를 함께 하는 모양새.
(2) 해설 : 밤에는 님 보듯 적극적으로 애정표시를 하고 낮에는 남 대하듯 애정을 숨긴다.
(3) 같은 뜻의 속담
① 밤 퇴계 낮 퇴계 ※퇴계 이 황은 근엄함의 상징. 그러나 밤엔 적극적으로 애정 표시를 했었다.

583. 밤 잔 원수 없고 날 샌 은혜 없다

(1) 의미 : 은혜 입은 자가 그것을 쉽게 잊는 것을 나무라는 말.
(2) 같은 뜻의 속담
① 결초보은(結草報恩).
② 은혜 베푼 것은 잊어라. 그러나 은혜 받은 것은 잊지 마라.

584. 밥이 약보다 낫다

(1) 의미 : 건강의 시작은 식사를 잘하는 것에서부터다.
(2) 같은 뜻의 속담
① 밥알 한 알이 귀신 열 마리를 쫓는다.
② 인삼 녹용도 배부른 후부터나 약이 된다.

585. 밥알 한 알이 귀신 열 마리를 쫓는다

▶찾아가기 : 584. 밥이 약보다 낫다.

586. 방바닥에서 낙상한다

(1) 의미 : 예기치 못한 변.

(2) 같은 뜻의 속담

① 아닌 밤중에 날벼락.

587. 방앗간에서 울었어도 그 집 조상

(1) 의미 : 애도는 마음가짐이 중요하지 장소가 중요하지 않다.

588. 밭도랑을 베개하고 죽을 놈

(1) 의미 : 시원치 않은 자를 객사할 놈이라고 욕하는 속담.

589. 배고픈 놈이 이밥 조밥 가리랴

(1) 의미 : 아쉬운 자는 이것저것 따질 겨를이 없다.

(2) 같은 뜻의 속담

① 배고픈 놈이 찬밥 더운밥 가리랴.

② 홀아비 눈에는 미운 여자가 없다.

590. 배 때가 벗었다

(1) 의미 : 어려웠을 때 생각 못한다.

(2) 같은 뜻의 속담

① 개구리 올챙이 적 생각 못 한다.

② 복장이 뜨뜻하니 생시가 꿈인 줄 안다.

591. 배보다 배꼽이 더 크다

(1) 의미 : 본체보다 부수체가 더 크다.

(2) 같은 뜻의 속담

① 젖통보다 젖꼭지가 더 크다.

② 바늘보다 실이 더 굵다.

③ 산보다 골이 더 크다.

592. 배부른 흥정

(1) 의미 : 고자세 흥정.

593. 배 썩은 것은 딸 주고 밤 썩은 것은 며느리 준다

(1) 의미 : 며느리보단 딸을 더 사랑하는 시어머니의 마음.

(2) 해설 : 밤 썩은 것은 배 썩은 것에 비해 가치가 없다. 그래서 며느리를 주고 있다.

(3) 같은 뜻의 속담

① 죽 먹은 설거지는 딸 시키고 비빔 그릇 설거지는 며느리 시킨다.

② 가을 볕에는 딸 쬐이고 봄 볕에는 며느리 쬐인다.

③ 딸이 누는 오줌 소리는 은조롱 금조롱 하고 며느리가 누는 오줌 소리는 쇄 한다.

(4) 연상되는 속담

① 며느리가 미우면 발뒤꿈치가 달걀 같다 한다.

594. 배움의 길에는 지름길이 없다

(1) 의미 : 배움은 꾸준한 것이 최선의 방법.

595. 배지 않은 아이 낳으라 한다

(1) 의미 : 무리한 요구.

596. 배추 밑에 바람드는 것 보았나

(1) 의미 : 훌륭한 자를 의심하는 사람에게 한 마디 던지는 말.

(2) 같은 뜻의 속담

① 염소 물똥 누는 것 보았나.

597. 배추 밑에 바람 들었다

(1) 의미 : 절대로 나쁜 행동을 할 사람이 아닌데 나쁜 행동 했다.

(2) 해설 : 무는 서리 맞으면 바람이 들어 쓸모없이 되지만 배추가 바람드는 일은 없다.

598. 백미에는 뉘나 있지

(1) 의미 : 흠잡을 데 없는 사람을 칭찬하는 말.

(2) 같은 뜻의 속담

① 옥에는 티나 있지.

② 봉산 참베는 물이나 있지.

③ 비단결 같다.

(3) 연상되는 속담

① 시거든 떫지나 말고 검거든 얽지나 말아야지.

② 구멍 투성이에 부스럼 투성이.

599. 백 번 듣는 것이 한 번 보느니만 못하다

(1) 의미 : 매사 내 눈으로 직접 보고 확인하는 것보다 더 확실한 방법은 없다.

(2) 成語 : 백문불여일견(百聞不如一見).

600. 백정이 양반 행세 해도 개가 짖는다

(1) 의미 : 본색은 감추려 해도 드러나고 만다.

(2) 해설 : 백정이 양번 티 내려 말쑥하게 차려입었으나 몸에 밴 고기 냄새를 개가 맡고 짖어대고 있는 모양새.

(3) 같은 뜻의 속담

① 굽은 지팡이는 그림자도 굽어 보인다.

601. 백지장도 맞들면 낫다

(1) 의미 : 협동의 가치를 일컫는 속담.
(2) 같은 뜻의 속담
① 초지(草紙)장도 맞들면 낫다.
※초지는 글을 초잡아 쓸 때 쓰는 종이.
② 도둑질도 손발이 맞아야 한다.

602. 백 톤의 말보다 일 그램의 실천

(1) 의미 : 말보다는 실행이 중요함을 강조하는 속담.

바

603. 밴 아이 사내 아니면 계집

(1) 의미 : 미래에 일어날 상황은 둘 중 하나.

604. 뱀은 봐도 남의 여자는 보지 말랬다

(1) 의미 : 간음하지 마라.
(2) 같은 뜻의 속담
① 네 이웃의 여자를 탐하지 마라(성경).
(3) 연상되는 속담
① 행사하는 건 봐도 남의 편지는 보지 말랬다.

605. 뱁새가 황새 따라가단 가랑이가 찢어진다

(1) 의미 : 능력에 걸맞지 않는 무리한 시도는 실패로 귀결된다.
(2) 같은 뜻의 속담
① 송충이가 갈잎을 먹으면 나무에서 떨어진다.
② 팔자에 없는 감투 쓰면 이마가 벗겨진다.
(3) 연상되는 속담
① 오르지 못할 나무 쳐다보지도 마라.
② 따먹을 수 없는 과일 쳐다보지도 마라.

③ 짚신도 제 낯이 좋다.
④ 적게 먹고 가늘게 싸라.
⑤ 지붕의 호박도 못 따는데 하늘의 천도를 따겠단다.

606. 뱃놈 배 둘러대듯

▶찾아가기 : 560. 미친년 궁둥이 둘러대듯.

607. 버릇 배우랬더니 과부집 문고리 빼 들고 엿장수 부른다

(1) 의미 : 품행을 단정히 하라 훈계하니 도리어 나쁜 짓거리만 하고 있다.
(2) 해설 : 옛날 엿장수는 엿값으로 쇠붙이를 받았었다.
(3) 같은 뜻의 속담
① 행실 배우라니까 포도청 문고리 빼든다.
② 보자보자 하니까 얻어온 장 한 번 더 뜬다.
③ 맘 잡아 개장수.
(4) 연상되는 속담
① 물라는 쥐나 물고 씨암탉은 물지 마라.
② 지어먹은 마음 사흘 못 간다.
③ 난봉자식 마음 잡아야 사흘.

608. 버선목이라 뒤집어 보이랴

(1) 의미 : 아무리 변명해도 상대방이 납득하지 않을 때 안타까운 마음을 토로하는 말.
(2) 해설 : 버선목은 버선의 끝부분. 이 부분에 몸에 기생하던 이들이 많이 서식해서 이 버선목을 뒤집어 이를 잡았었다.

609. 번개가 잦으면 천둥

(1) 의미 : 어떤 일이 일어날 징조.
(2) 같은 뜻의 속담

① 초시가 잦으면 급제.

610. 번지가 다르다

(1) 의미 : 그것과는 아무 상관 없는 전혀 다른 것이다.

611. 벌인 춤이라

(1) 의미 : 이미 시작됐으니 취소할 수 없다.

(2) 같은 뜻의 속담

① 벗겨놓은 계집이요 내친 걸음이라.

② 들여디딘 발이라.

③ 벌린 춤이라.

④ 벌린 굿이라.

바

612. 범의 새끼도 열이면 시라소니를 낳는다

(1) 의미 : 자식이 여럿이면 못난 놈도 있게 마련.

613. 법 모르는 관리 볼기로 위세 부린다

(1) 의미 : 실력 없는 공직자가 그 직권을 남용하는 모양새.

(2) 해설 : 볼기에 곤장 맞는 것은 죄지은 자가 벌 받는 것. 실력 없는 관리가 그 직권으로 볼기 때리는 것을 다반사로 하고 있다.

(3) 연상되는 속담

① 관찰사 닿는 곳에 선화당.

② 도처에 선화당.

※선화당은 관찰사(도지사)가 근무하는 곳. 여기서 관찰사 닿는 곳, 도처는 추대 받는 것의 다른 표현.

614. 벙어리가 서방질을 해도 제 속은 있다

(1) 의미 : 제 나름의 생각이 있어 하는 행동이다.

(2) 같은 뜻의 속담

① 처녀가 한증을 해도 제 속은 있다.

② 굼벵이가 떨어질 때는 다 생각이 있어서다.

③ 굼벵이가 나무에서 떨어질 때는 매미가 되자는 뜻이다.

615. 벙어리 냉가슴 앓듯

(1) 의미 : 남한테 표현 못 하는 나만의 고민.

(2) 해설 : 벙어리가 말하는 기능이 망가졌으니 하고 싶은 말이 있어도 속으로 애만 태우고 있다.

(3) 같은 뜻의 속담

① 우황 든 소 앓듯.

② 부른 배 고픈 건 더 답답하다.

※만삭이 된 여인이 배고프다면 그 배고픔을 누가 알아줄 것인가.

③ 짝사랑 외기러기.

※혼자만의 짝사랑 체험하지 못한 자 그 고민 알지 못하리.

616. 벙어리 속은 제 어미도 모른다

(1) 의미 : 말로 표현하는 것이 내 마음속 생각을 상대방에게 전하는 최선의 방법이다.

(2) 같은 뜻의 속담

① 말을 안하면 귀신도 모른다.

(3) 연상되는 속담

① 말은 해야 맛, 고기는 씹어야 맛, 님은 품어야 맛.

② 죽어서 넋두리도 하는데.

③ 죽어서도 무당 빌어 말하는데 살아서 말 못 할까.

※이 속담들은 본인의 욕구에 대한 의사표시의 중요성이다.

617. 벼는 익을수록 고개를 숙인다

(1) 의미 : 교양과 학식이 풍부할수록 원만하고 겸손하다.
(2) 같은 뜻의 속담
① 물은 깊을수록 소리가 없다.

618. 벼룩 꿇어앉을 틈도 없다

(1) 의미 : 사람이 어느 공간에 꽉 차 있다.
(2) 같은 뜻의 속담
① 입추의 여지도 없다.
② 사람으로 콩나물을 길렀다.
(3) 연상되는 속담
① 벼룩 꿇어앉을 땅도 없다. ※논밭이라고는 하나도 없다.

바

619. 벼룩의 간을 내어 먹지

(1) 의미 : 악랄한 착취.
(2) 같은 뜻의 속담
① 두견이 목에 피 내어 먹듯.
② 벼룩의 선지를 내 먹는다.

620. 벼슬은 높이고 뜻은 낮추어라

(1) 의미 : 지위가 높아질수록 겸손하라.

621. 변죽을 치면 복판이 울린다

(1) 의미 : 넌지시 말해도 의사표시 한(말한) 사람이 의도한 본 뜻을 금세 알아차린다.
(2) 같은 뜻의 속담
① 기둥을 치면 대들보가 울린다.
(3) 연상되는 속담
① 사돈 네 남 말 한다.

622. 별성마마 배송하듯

(1) 의미 : 불필요한 사람을 내보낼 때 마찰 없이 좋은 말로 내보내는 모양새.

(2) 해설 : 천연두 앓은 지 13일 후 두신(痘神) 즉 천연두를 가져온 신(神)을 전송해 내보내는 풍습이 있었는데, 그 두신(痘神)을 좋은 말로 설득하여 내보내는 모양새다.

(3) 같은 뜻의 속담

① 싸리말을 태워라.

※마귀를 내쫓을 때 싸리나무로 말을 만들어 그 위에 마귀를 태워서 좋게 전송하는 형식을 취해서 그 마귀를 쫓아내는 풍습이 있었다.

623. 병신에 마음 좋은 사람 없다

(1) 의미 : 몸이 괴로우면 건전한 생각을 갖기 힘들다.

(2) 해설 : 몸이 괴로우면 아무리 착하고 올바른 사람이라도 그 착함과 올바름을 그대로 유지하기 쉽지 않다.

(3) 같은 뜻의 속담

① 병신 착한 데 없다.

624. 병은 입으로 들어가고 화는 입에서 나온다

(1) 의미 : 인간관계에서의 모든 화는 말 잘 못하는 데서 시작된다.

625. 병 주고 약 준다

(1) 의미 : 어떤 일 제대로 이루어지지 않게 훼방해 놓고 도와주는 척하는 모양새.

(2) 같은 뜻의 속담

① 술 먹여 놓고 해장 가자 부른다.

(3) 연상되는 속담

① 나무에 올려놓고 흔든다.

626. 베개머리 송사

(1) 의미 : 어떤 수단, 방법을 동원하여 재판결과가 내 뜻대로 이루어지게 하는 모양새.

(2) 해설 : 베개머리 즉 부부가 동침하는 동안 아내가 남편에게 부탁하는 말은 거의 이루어진다는 데서 나온 속담.

627. 보기 좋은 떡이 맛도 있다

(1) 의미 : 연애관계에서 상대방의 인물이 출중하면 연애감정이 더 황홀해진다.

(2) 같은 뜻의 속담

① 보기 좋은 떡이 먹기도 좋다.

(3) 연상되는 속담

① 떡도 떡이려니와 합이 더 좋다.

628. 보기 좋은 떡이 먹기도 좋다

▶찾아가기 : 627. 보기 좋은 떡이 맛도 있다.

629. 보따리 내주며 앉으라 한다

(1) 의미 : 길손 빨리 가기를 원하는 주인의 길손에 대한 인사치례의 말.

(2) 같은 뜻의 속담

① 봇짐 내주며 하룻밤 더 묵으라 한다.

630. 보자 보자 하니까 얻어온 장 한 번 더 뜬다

▶찾아가기 : 607. 버릇 배우랬더니 과부집 문고리 빼 들고 엿장수 부른다.

631. 보채는 아이 젖 준다

(1) 의미 : 아쉬운 자가 먼저 요청해야 한다.
(2) 같은 뜻의 속담
  ① 아이도 울어야 젖 준다.
(3) 연상되는 속담
  ① 구하라 주실 것이요 두드려라 열릴 것이다(성경).
  ② 입이 밥 빌어오지 밥이 입 빌어오나.
  ③ 관 쓴 거지 얻어먹지 못한다.

632. 복날 개 패듯

(1) 의미 : 무지막지하게 두드려패는 모양새.

633. 복은 쌍으로 안 오고 화는 홀로 안 온다

(1) 의미 : 세상 살다 보면 좋은 일보다는 나쁜 일을 더 많이 겪게 된다.
(2) 같은 뜻의 속담
  ① 손톱은 슬플 때마다 돋고 발톱은 기쁠 때마다 돋는다.
(3) 연상되는 속담
  ① 복 속에 화가 숨어 있고 화 속에 복이 기대 선다.

634. 복장이 뜨뜻하니 생시가 꿈인 줄 안다

▶찾아가기 : 590. 배 때가 벗었다.

635. 볶은 콩과 기생첩은 옆에 두고 못 견딘다

(1) 의미 : 계집 좋아하는 한량들의 속성.

636. 봄 사돈은 꿈에도 보기 무섭다

(1) 의미 : 춘궁기의 어려움을 갈파한 속담.

(2) 해설 : 춘궁기는 지낸 해 수확한 쌀은 다 먹고 보리쌀은 아직 생산이 안된 기간으로 경제적으로 힘든 시기인데, 이때 보는 사돈은 무서울 수밖에 없다.

637. 봉사 기름값 물어주나 중 회 값 물어주나

(1) 의미 : 억울하긴 다를 게 없다.

(2) 해설 : 기름은 어둠을 밝히는 불을 켜기 위한 것. 그러나 불을 밝히는 것은 봉사에게 소용이 없는 것이다. 그 소용없는 것을 위해 쓴 기름값을 물어주고 있으니 억울할 수밖에 없다. 중이 안 먹는 회 값 물어주는 것도 매일반이다.

638. 봉사도 장님이라면 좋아한다

(1) 의미 : 존칭 싫어할 사람 없다.

(2) 같은 뜻의 속담

① 말도 용마라면 좋아한다.

② 소도 대우(大牛)라면 좋아한다.

③ 범도 대호(大虎)라면 좋아한다.

639. 봉사 문고리 잡기

(1) 의미 : 요행. 우연히 목적한 바를 이루는 것.

(2) 같은 뜻의 속담

① 소 뒷걸음에 쥐 잡기.

640. 봉사 안경 쓰나 마나

(1) 의미 : 신체적 결함으로 인한 효과 없는 행위.

(2) 같은 뜻의 속담

① 귀머거리 들으나 마나.

② 뻿정다리 서나 마나.

③ 앉은뱅이 앉으나 마나.

641. 부귀 빈천이 물레바퀴 돌 듯

(1) 의미 : 인생 여정에서 좋은 일 나쁜 일 번갈아 오게 마련.

(2) 같은 뜻의 속담

① 정선골 물방아 물레바퀴 돌 듯.

② 음지가 양지 되고 양지가 음지 된다.

③ 이랑이 고랑 되고 고랑이 이랑 된다.

④ 흥망성쇠 부귀빈천이 물레바퀴 돌 듯한다.

⑤ 삼대 거지 없고 삼대 부자 없다.

⑥ 십 년 세도 없고 열흘 붉은 꽃 없다.

(3) 연상되는 속담

① 열흘 붉은 꽃 없다.

② 달도 차면 기운다.

③ 봄꽃도 한 때.

④ 한 달이 크면 한 달은 작다.

⑤ 그릇도 차면 넘친다.

642. 부뚜막의 소금도 집어넣어야 짜다

(1) 의미 : 핵심 기능의 실행을 강조하는 속담.

(2) 같은 뜻의 속담

① 가마솥의 콩도 삶아야 먹는다.

② 구슬이 서 말이라도 꿰어야 보배다.

③ 한강이 녹두죽이라도 주걱이 있어야 퍼먹는다.

643. 부른 배 고픈 건 더 답답하다

(1) 의미 : 남이 알아주지 않는 나 혼자만의 답답함.

(2) 해설 : 임신해서 배가 불러 있는 와중에 배가 고프다. 그러나 배가 불러 있으니 배가 고프지 않은 것으로 남에게 인식된다. 그러니 더 답답할 수밖에.

(3) 같은 뜻의 속담
① 벙어리 냉가슴 앓듯.
② 우황든 소 앓듯.
③ 짝사랑 외기러기.

644. 부모는 차례 걸음이라

(1) 의미 : 부모상 당한 자에 대한 문상객의 위로의 말.
(2) 해설 : 차례로 부모님이 떠나시는 것이니 그리 슬퍼 마세요.

645. 부모 속에는 부처가 있고 자식 속에는 앙칼이 있다

(1) 의미 : 부모의 자식에 대한 사랑은 누구나 한결같지만 자식의 부모에 대한 공경의 마음은 그에 미치지 못함을 안타까워 하는 속담.
(2) 같은 뜻의 속담
① 내리사랑은 있어도 치사랑은 없다.
② 열 손가락 깨물어 안 아픈 손가락 없다.
(3) 연상되는 속담
① 부모가 온 효자 되어야 자식이 반 효자 된다.
② 부모의 마음을 십분의 일만 알아줘도 효자다.

646. 부엌에서 숟가락 얻었다

(1) 의미 : 누구나 다 알 수 있는 것을 혼자만 알고 있는 듯 자랑하는 자.
(2) 같은 뜻의 속담
① 숟가락은 부엌에 놓고 절구는 헛간에 놓아라.
② 가루 가지고 떡 못 만드랴.
③ 쌀 가지고 떡 못 만드랴.

647. 부잣집 가운데 자식

(1) 의미 : 빈둥빈둥 놀고먹는 놈 나무라는 속담.

(2) 해설 : 부잣집 장남이면 부자라도 여러 가지 부담이 많겠지만 가운데 자식은 아무런 부담이 없다.

(3) 같은 뜻의 속담

① 뱃놈의 개.

※뱃사람의 개는 도둑을 맞을 염려가 없으니 먹기만 한다.

② 사족 성한 병신. ※몸이 성한데 놀고만 있다.

③ 마파람에 돼지 불알 놀듯.

※마파람은 남쪽에서 불어오는 바람. 그 바람에 돼지 불알이 건들건들 흔들린다.

648. 부잣집 외상보단 거지 맞돈이 낫다

(1) 의미 : 사업에서 현찰거래의 우수성을 강조하는 속담.

(2) 같은 뜻의 속담

① 다음장 소다리 보단 이장 개 다리.

② 먼데 단 냉이보단 가까운데 쓴 냉이.

③ 잔칫날 잘 먹겠다고 이레를 굶을까.

(3) 연상되는 속담

① 외상이면 소도 잡아먹는다.

② 가을 빚은 소도 잡아먹는다.

649. 부지런한 부자 하늘도 못 막는다

(1) 의미 : 사람은 모름지기 부지런해야 함을 강조하는 속담.

(2) 같은 뜻의 속담

① 부지런한 물레방아 얼 새도 없다.

② 부지런한 이는 앓을 틈도 없다.

③ 부지런한 새가 모이를 쫒는다.

④ 부지런한 부자 하늘도 못 막는다.

⑤ 거지도 부지런해야 더운밥 얻어먹는다.

⑥ 늦잠 자는 놈 치고 잘 사는 놈 못 봤다.

⑦ 게으른 놈 치고 잘 사는 놈 못 봤다.

650. 부지런한 새가 모이를 쫀다

▶찾아가기 : 649. 부지런한 벌 슬퍼할 틈도 없다.

651. 부처님 가운데 토막

(1) 의미 : 성품이 온화하고 착하다.

(2) 해설 : 부처님 가운데 토막은 발기도 수축도 전혀 모른다.

바

652. 부처님 궐이 나면 대신 서겠다

(1) 의미 : 인자한 체, 자비로운 체하는 사람.

※궐이 나다 : 비다, 비워지다 라는 뜻.

(2) 같은 뜻의 속담

① 의젓하기는 시애비 뺨치겠다.

653. 부처님도 화낼 때가 있다

(1) 의미 : 아무리 양순한 자라도 지나친 자극엔 맞대응한다.

(2) 같은 뜻의 속담

① 소도 화낼 때가 있다.

654. 불난 강변에서 덴 소 날뛰듯

(1) 의미 : 위급한 상황에서 어찌할 바 모르는 모양새.

(2) 같은 뜻의 속담

① 선불맞은 호랑이 날뛰듯.

② 불난 집 며느리 싸대듯.

655. 불난 끝은 있어도 물난 끝은 없다

(1) 의미 : 장마는 무서운 것.

(2) 같은 뜻의 속담

① 가뭄 끝은 있어도 장마 끝은 없다.

② 칠년 대한엔 살아도 석 달 장마엔 못 산다.

656. 불난 데 부채질

(1) 의미 : 곤경에 처한 사람을 더욱 힘들게 하는 행태.

(2) 같은 뜻의 속담

① 불난 데 풀무질.

(3) 연상되는 속담

① 나무에 올려놓고 흔든다.

657. 불난 데 풀무질

▶찾아가기 : 657. 불난 데 부채질.

658. 불 없는 화로

(1) 의미 : 핵심적 기능이 마비되어 쓸모없이 된 모양새.

(2) 같은 뜻의 속담

① 끝 부러진 송곳.

② 자루 빠진 도끼.

③ 끈 없는 팬티.

④ 김빠진 맥주.

659. 불에 덴 놈 부지깽이만 봐도 놀란다

(1) 의미 : 한 번 크게 충격 받으면 그 비슷한 상황만 접해도 놀란다.

(2) 같은 뜻의 속담

① 더위 먹은 소 달만 봐도 헐떡인다.

② 국에 덴 놈 물만 봐도 놀란다.

③ 자라 보고 놀란 가슴 솥뚜껑만 봐도 놀란다.

④ 뱀에 놀란 사람 새끼만 봐도 놀란다.

660. 불 진 처녀에 얼음 진 머슴아라

(1) 의미 : 불타는 여자의 구애에 냉담한 남자.

(2) 연상되는 속담

① 짝사랑 외기러기.

661. 비단결 같다

(1) 의미 : 마음씨가 곱디 곱다. 흠잡을 데가 없다.

(2) 같은 뜻의 속담

① 옥에는 티나 있지.

② 백미에는 뉘나 있지.

③ 봉산 참배는 물이나 있지.

(3) 연상되는 속담

① 비단이 곱다 곱다 해도 마음씨처럼 고운 게 없다.

바

662. 비단옷 입고 밤길 가기

(1) 의미 : 비단옷 입은 나는 자랑스럽다. 그러나 밤이니 아무도 알아주지 않는다. 즉 나에겐 가치 있는 행위지만 남에겐 아무런 가치 없는 모양새.

(2) 같은 뜻의 속담

① 난리난 해 과거 하기.

② 내 상관 남이 무서워할까.

③ 미장이에 호미는 있으나 마나.

663. 비단이 곱다 곱다 해도 말 같이 고운 것 없다

(1) 의미 : 고운 말은 고운 비단에 비할 바가 아닐 정도로 최고의 가치다.

(2) 연상되는 속담

① 비단결 같다.

② 옥에는 티나 있지.
③ 백미에는 뉘나 있지.
④ 봉산 참배는 물이나 있지.

664. 비 맞은 중 담 모퉁이 돌아가는 소리

(1) 의미 : 남이 알아듣지 못할 정도의 중얼거리는 소리.
(2) 같은 뜻의 속담
① 장마 도깨비 여울 건너가는 소리.
② 문둥이 버들강아지 따먹고 배 앓는 소리.
③ 염불 외듯.
④ 서낭당에 가 말하듯.
⑤ 봉사 씻나락 까먹는 소리.
⑥ 도둑놈 개 꾸짖듯.
⑦ 시조를 하느냐.

665. 비빔밥 설거지는 며느리 시키고 죽 먹은 설거지는 딸 시킨다

▶찾아가기 : 448. 딸의 시앗은 바늘방석에 앉히고 며느리의 시앗은 꽃방석에 앉힌다.

666. 비 온 뒤 땅 더 굳어진다

(1) 의미 : 서로간의 다툼 후에 양측의 원만한 화해를 거쳐 관계가 더 돈독해지는 모양.
(2) 같은 뜻의 속담
① 화가 복이 된다.
(3) 成語 : 전화위복(轉禍爲福).

667. 빈 수레가 더 요란하다

(1) 의미 : 머리에 든 것 없는 자 즉 학식, 교양이 없는 자가 더 잘난 체한다.

(2) 같은 뜻의 속담

① 들지 않은 솜틀 소리만 요란하다.

(3) 연상되는 속담

① 벼는 익을수록 고개를 숙인다.

② 물은 깊을수록 소리가 없다.

668. 빌면 무쇠도 녹는다

(1) 의미 : 잘못했으면 우선 사과하는 것이 최선의 방법이다.

(2) 같은 뜻의 속담

① 귀신도 빌면 듣는다.

② 비는 장수 목 벨 수 없다.

③ 비는 놈한테는 용빼는 재주 없다.

(3) 연상되는 속담

① 웃는 낯에 침 못 뱉는다.

669. 빌어먹는 놈이 이밥 조밥 가리랴

(1) 의미 : 아쉬운 자가 조건의 좋고 나쁨을 따질 입장이 아니다.

(2) 같은 뜻의 속담

① 빌어먹는 놈이 찬밥 더운밥 가리랴.

② 없는 놈이 찬밥 더운밥 가리랴.

(3) 연상되는 속담

① 울며 겨자먹기.

② 울며 먹는 씨아.

③ 억지 춘향.

④ 아쉬워 엄나무 방석.

⑤ 길이 없으니 한 길을 걷고 물이 없으니 한 물을 먹는다.

⑥ 없어서 비단옷.

670. 빚내 장가가고 동네 머슴 좋은 일

(1) 의미 : 헛수고. 수고한 보람이 없다.

(2) 같은 뜻의 속담

① 죽 쒀 개 좋은 일.

② 산전 일궈 고라니 좋은 일.

③ 못 먹는 제사에 절만 죽도록 한다.

④ 공연한 제사 지내고 어물 값에 졸린다.

⑤ 시루에 물 붓기.

⑥ 깨진 독에 물 붓기.

671. 빚 보증 서는 자식 낳지도 마라

(1) 의미 : 남의 빚 보증 서는 것은 엄청난 재산 손실이 될 가능성이 크니 유념하라.

672. 빚 좋은 개살구

(1) 의미 : 겉은 훌륭하나 내용은 부실하다.

(2) 같은 뜻의 속담

① 이름 좋아 불로초.

② 허울 좋은 하늘타리.

③ 명주 자루에 개똥.

④ 상두복색 ※장사 지낼 때 상여의 겉은 화려하다.

⑤ 코 커 얻은 서방이 고자라.

⑥ 코 커 얻은 서방이 자라×이라.

⑦ 큰 산이 떠나갈 듯 하더니 쥐 한 마리라.

⑧ 허울 좋은 과부.

⑨ 얼굴 고운 년의 뭐가 털 뿐이라.

(3) 연상되는 속담

① 얽은 구멍에 슬기 들었다.

② 떨어진 주머니에 어패 들었다.

673. 빚 진 죄인

(1) 의미 : 남에게 빚지면 내 의지와 상관없이 죄인이 되기 십상이다.

(2) 같은 뜻의 속담

① 목구멍이 포도청.

② 구복이 원수.

(3) 연상되는 속담

① 얻어온 죽에 머리가 아프다.

② 가진 게 없으면 망건 꼴이 나쁘다.

③ 빚지면 문서 없는 종이 된다.

674. 빨아 다린 체 말고 진솔로 있거라

(1) 의미 : 거짓 없이 진실하게 행동하라.

(2) 같은 뜻의 속담

① 모르는 체하지 말고 아는 체하지 마라.

675. 빼지도 박지도 못한다

▶찾아가기 : 34. 가자니 태산 돌아서자니 숭산이라.

676. 뺨 맞는데 구렛나루가 한 부조 한다

(1) 의미 : 거추장스러운 것이 경우에 따라 한 몫 단단히 해내는 모양새.

(2) 해설 : 턱에 난 구렛나루는 얼굴 모양만 망가뜨렸지 별 소용 없을 듯 했지만 뺨 맞을 땐 이 구렛나루 덕에 아픔을 덜할 수 있다.

(3) 같은 뜻의 속담

① 뻐드렁니가 수박 먹기는 좋다.

677. 뻐꾸기 제 이름 부르듯

(1) 의미 : 자기 자랑.

(2) 같은 뜻의 속담

① 구렁이 제 몸 추듯.

② 부엉이 제 이름 부르듯.

③ 수캐 본전 자랑하듯.

(3) 成語 : 자화자찬(自畵自讚)

678. 뻐드렁니가 수박 먹기는 좋다

▶찾아가기 : 677. 뺨 맞는데 구렛나루가 한 부조 한다.

679. 뼈와 살로 맺어진 정

(1) 의미 : 떼려야 뗄 수 없는 끈끈한 정.

(사)

680. 사공이 많으면 배가 산으로 간다

(1) 의미 : 한 가지 일을 두고 간섭하는 사람이 많으면 계획한 대로 일이 이루어지기 힘들다.

(2) 같은 뜻의 속담

① 어느 장단에 춤추랴.

② 이 굿에 춤추기 어렵다.

③ 목수가 많으면 집이 기울어진다.

④ 길가 집 삼 년 간다.

⑤ 한 집에 감투쟁이 셋이면 변이 난다.

681. 사과가 되지 말고 토마토가 되어라

(1) 의미 : 언행이 일치되는 사람이 되어라.

(2) 해설 : 사과는 겉과 속 색깔이 다르고 토마토는 겉과 속 색깔이 같다.

682. 사내가 ×값도 못한다

(1) 의미 : 사내답지 못한 남자를 나무라는 것.

683. 사내 못난 건 대가리만 크고 계집 못난 건 젖통만 크다

(1) 의미 : 못난 사내 못난 계집 나무라는 속담.

684. 사내자식 못나면 한 집만 망하고 딸자식 못나면 양 사돈 다 망한다

(1) 의미 : 딸은 출가해야 하는 특수성으로 아들보다도 더 언행에 조심해야 한다.

(2) 같은 뜻의 속담

① 계집아이는 욕 밑천이다.

685. 사돈 남말 한다

(1) 의미 : 갑과 을은 서로 사돈 관계다. 그래서 서로 어려운 관계다. 갑은 을의 마음에 안드는 언행 등을 직접 말하기 힘들어 제삼자인 병을 나무란다. 그런데 을은 자기한테 하는 말인 것을 눈치 못 채고 갑과 같이 병을 나무라는 모양새다.

(2) 연상되는 속담

① 변죽을 치면 복판이 울린다.

② 기둥을 치면 대들보가 울린다.

③ 말은 넌지시 하는 말이 비싸다.

686. 사돈의 팔 촌

(1) 의미 : 나하고는 전혀 관계가 없다.

(2) 같은 뜻의 속담

① 강 건너 시애비 ×이다.

687. 사돈집과 짐발이는 골라야 좋다

(1) 의미 : 사돈 관계 맺을 때는 수준이 비슷한 것이 이상적이다.

(2) 같은 뜻의 속담

① 세코 짚신도 제날이 좋다.

688. 사돈집 잔치에 감 놔라 배 놔라 한다

(1) 의미 : 자기와 아무 상관 없는 일에 끼어들어 간섭하는 모양새.

(2) 같은 뜻의 속담

① 남의 제사에 감 놔라 배 놔라 한다.

② 남의 상에 술 놔라 안주 놔라 한다.

③ 오지랖이 넓다.

④ 치마자락이 열두 폭.

(3) 연상되는 속담

① 할 일 없으면 집에 가 낮잠이나 자라.

② 굿이나 보고 떡이나 먹어라.

③ 청하지 않은 잔치에 묻지 않은 대답이라.

사

689. 사람과 쪽박은 있는 대로 쓴다

(1) 의미 : 사람은 잘났건 못났건 나름의 쓰임새가 있게 마련이다.

(2) 같은 뜻의 속담

① 개천에 버릴 종 없다.

② 사람에 버릴 사람 없고 물건에 버릴 물건 없다.

690. 사람은 잡기를 해 봐야 마음을 안다

(1) 의미 : 사람의 됨됨이 파악은 노름에서다.

(2) 연상되는 속담

① 어려울 때 친구가 진정한 친구다.

691. 사람은 철들면서 죽는다

(1) 의미 : 사람이 한평생 올바르게 사는 것은 쉬운 일이 아니다.

(2) 같은 뜻의 속담

① 철들자 망령난다.

692. 사람이면 사람인가 사람이라야 사람이지

(1) 의미 : 인간으로서의 언행을 바르게 하라.

(2) 같은 뜻의 속담

① 속에 육조판서가 들었으면 무엇하랴.

693. 사모 쓴 도둑놈

(1) 의미 : 탐관오리. 즉 부정축재하는 관리를 가리킴.

694. 사위는 백년손 며느리는 종신식구

(1) 의미 : 사위, 며느리는 내 핏줄은 아니지만 내 아들, 내 딸에게 느끼는 정에 다름아니다.

695. 사자 밥을 목에 달고 다닌다

(1) 의미 : 위험천만한 행위를 하고 다닌다.

696. 사정이 많으면 동네 시애비가 아홉

▶찾아가기 : 264. 날아가는 까마귀도 맛 보고 간다.

697. 사족을 못쓴다

(1) 의미 : 어떤 것에 반해서 너무 좋아 어찌할 바를 모르는 모양새.

698. 사촌이 땅을 사면 배가 아프다

(1) 의미 : 남이 잘되는 것을 시기하고 질투하는 모양새.

(2) 같은 뜻의 속담

① 사촌이 논을 사면 배가 아프다.

(3) 연상되는 속담

① 사촌이 땅을 샀나 배는 왜 앓아.

699. 사흘 굶어 도둑질 아니할 놈 없다

▶찾아가기 : 6. 가난이 죄다.

700. 사흘 굶으면 양식 지고 오는 놈이 있다

▶찾아가기 : 571. 바람이 불다 불다 그친다.

701. 사흘 책을 안 읽으면 머리에 곰팡이가 슨다

(1) 의미 : 독서의 중요성을 강조하는 속담.

702. 산 너머 산

▶찾아가기 : 338. 눈 위에 서리.

703. 산 사람은 아무 때나 만난다

(1) 의미 : 앞으로 다시 안 볼 것처럼 사람을 막 대하지 마라.
(2) 같은 뜻의 속담
  ① 안 먹겠다 침 뱉은 물 돌아서서 다시 먹는다.

704. 산소 등에 꽃이 피었다

(1) 의미 : 부귀영달했다.
(2) 연상되는 속담
  ① 도둑묘에 잔 부었다.
  ② 가마 타고 시집가기는 콧집이 영 글러졌다.
  ③ 북두칠성이 영 글러졌다.
  ④ 미친 개 다리 틀렸다.

705. 산속 도둑은 잡을 수 있어도 마음속 도둑은 못 잡는다

(1) 의미 : 마음속에 자리잡은 나쁜 생각은 없애기 수월치 않다.

706. 산전 수전 공중전 다 겪었다

(1) 의미 : 온갖 고난 다 겪어봤다.

(2) 같은 뜻의 속담

① 만고풍상 다 겪었다.

② 단만 쓴맛 다 보았다.

③ 밤송이 우엉송이 다 찔려봤다.

④ 마른 땅 진 땅 다 다녀봤다.

⑤ 말 갈 데 소 갈 데 다 다녀봤다.

⑥ 대 끝에서 삼 년 버텼다.

(3) 연상되는 속담

① 고생 끝에 낙이 있다.

② 태산을 넘으면 평지를 본다.

③ 오르막이 있으면 내리막이 있다.

④ 구름이 지나가면 해를 본다.

⑤ 대한 끝에 양춘이 있다.

⑥ 고생 끝에 낙이 있고 즐거움을 다하면 슬픔이 온다.

⑦ 산 너머 산.

⑧ 산 너머 준령.

⑨ 갈수록 태산.

⑩ 산은 넘을수록 높고 물은 건널수록 깊다.

⑪ 채인 발 또 채인다.

⑫ 엎친 데 덮친다.

⑬ 마디에 옹이.

⑭ 하품에 딸꾹질.

⑮ 기침에 재채기.

⑯ 국 쏟고 뚝배기 깨고 ××데고 서방한테 매 맞는다.

⑰ 눈 위에 서리 (雪上加霜)

707. 산 좋고 물 좋고 정자 좋은 데 없다

(1) 의미 : 모든 조건 완벽히 갖추는 것은 쉽지 않다.

(2) 같은 뜻의 속담

① 송곳니를 가진 호랑이 뿔이 없다.

② 날면 기는 것이 능치 못하다.

(3) 연상되는 속담

① 물 좋고 정자 좋고.

② 옥에는 티나 있지.

③ 백미에는 뉘나 있지.

④ 봉산 참배는 물이나 있지.

⑤ 시거든 떫지나 말고 검거든 얽지나 말아야지.

⑥ 구멍 투성이에 부스럼 투성이.

사

708. 산 진 거북이요 돌 진 가재라

▶찾아가기 : 536. 문선왕 끼고 송사한다.

709. 산 호랑이 눈썹도 그리울 게 없다

(1) 의미 : 완벽히 다 구비되었다.

(2) 해설 : 산 호랑이의 눈썹을 빼 오는 게 쉬울까. 그러나 그것도 부러울 게 없다.

(3) 같은 뜻의 속담

① 없는 것 빼고는 다 있다.

② 처녀 ×× 빼고는 다 있다.

710. 살다 보면 시에미 죽는 날도 있다

(1) 의미 : 시집살이 고됐던 며느리들의 푸념.

(2) 같은 뜻의 속담

① 이렇게 좋은 일은 시에미 죽고 나서 처음.

711. 살아 생이별은 산천초목에도 불 붙는다

(1) 의미 : 비할 데 없는 생이별의 슬픔.
(2) 해설 : 살아있는 상태에서의 이별은 생초목에도 불붙을 정도로 슬프다.
(3) 연상되는 속담
① 청상과부의 울음소리는 산천초목도 울린다.

712. 살얼음을 밟는 것 같다

(1) 의미 : 위험천만한 일을 하는 것 같다.

713. 삼간 초가 다 타도 빈대 죽는 것이 시원하다

(1) 의미 : 비록 손해를 보더라도 눈엣가시 같던 존재가 없어지는 것이 시원하다.

714. 삼 년 가뭄엔 살아도 석 달 장마엔 못 산다

▶찾아가기 : 28. 가뭄 끝은 있어도 물 난 끝은 없다.

715. 삼 년 구병에 효자 없다

(1) 의미 : 오랜 기간의 병수발은 쉽지 않다.
(2) 같은 뜻의 속담
① 삼 년 구병에 불효 난다.
② 긴 병에 효자 없다.
(3) 연상되는 속담
① 외아들에 효자 없다.

716. 삼단을 잘 놀리랬다

(1) 의미 : 혀 끝, 붓 끝, 남자의 × 끝을 조심해야 한다.
(2) 해설 : 말을 잘 못하면 '혀 아래 도끼 들었다'는 속담처럼 큰 화

를 일으키고, 글을 잘 못 쓰면 필화(筆禍)를 일으키고, 남자의 성기를 잘 못 놀리면 패가망신한다.

717. 삼정승 사귀지 말고 내 한 몸 조심해라

(1) 의미 : 권력 있는 자 사귀는 것보다 나의 언행 바르게 하는 것이 우선이다.

(2) 같은 뜻의 속담

① 열 형리 사귀지 말고 내 한 죄 짓지 마라.

718. 삼천 가지 죄 중 불효죄가 제일 큰 죄다

(1) 의미 : 부모에 대한 효도의 중요성을 강조하는 속담.

(2) 연상되는 속담

① 효도는 백행의 근원.

719. 삿갓 밑에서 살아도 속이 편해야 산다

(1) 의미 : 스트레스, 걱정거리 없는 삶의 중요성을 강조하는 말.

720. 삼대독자 홀 며느리 유복자 밴 유세 쓰듯

(1) 의미 : 유리한 위치에서 당당히 소신 밝히는 모양새.

(2) 해설 : 삼대 독자의 아내가 임신한 상태에서 당당하게 큰소리치는 모양새.

721. 상사병엔 약도 없다

(1) 의미 : 짝사랑 등 님을 그리워하는 병은 마땅한 약이 없다.

(2) 같은 뜻의 속담

① 상사병 든 놈 말라 죽는다.

② 상사병에 미친다.

722. 상전이 벽해가 된다

사

(1) 의미 : 자연 환경, 사회 환경이 크게 변했다.

(2) 같은 뜻의 속담

① 태산이 평지 된다.

(3) 成語 : 상전벽해(桑田碧海).

(4) 연상되는 속담

① 상전이 벽해 돼도 비켜설 곳이 있다.

723. 상주 보고 제삿날 다툰다

(1) 의미 : 이치에 맞지 않는 말.

(2) 해설 : 제삿날이 언제인지는 그 자식인 상주보다 더 잘 알 사람이 없다. 그런데 그 상주와 제삿날이 언제인가를 가지고 다투고 있다.

(3) 같은 뜻의 속담

① 열흘 삶은 호박에 송곳 안 들어갈 소리.

② 마루 아래 강아지가 웃겠다.

③ 소가 웃다가 꾸러미 째지겠다.

④ 익은 밥 먹고 선소리.

⑤ 제 어미 시집오는 것 보았다는 놈과 같다.

724. 새 까먹은 소리

(1) 의미 : 헛소리.

725. 새끼 많은 소 길마 벗을 날 없다

(1) 의미 : 자식 많이 둔 부모 근심 걱정 끊일 날 없다.

(2) 같은 뜻의 속담

① 가지 많은 나무 바람 잘 날 없다.

② 자식 많은 에미 허리 펼 날 없다.

③ 지네 발에 신 신킨다.

726. 새도 깃을 쳐야 난다

(1) 의미 : 준비 없이 되는 일 없다.

(2) 같은 뜻의 속담

① 개구리도 움쳐야 뛴다.

② 거미도 줄을 쳐야 벌레를 잡는다.

③ 바다에 가야 고기를 잡는다.

④ 산에 가야 범을 잡는다.

⑤ 서울에 가야 과거급제를 한다.

⑥ 님을 봐야 애를 낳는다.

⑦ 하늘을 봐야 별을 딴다.

⑧ 잠을 자야 꿈을 꾼다.

⑨ 죽어 봐야 저승을 알지.

⑩ 터를 닦아야 집을 짓는다.

사

727. 새도 염불을 하고 쥐도 방귀를 뀐다

(1) 의미 : 모임에서 춤추고 노래할 때 얌전히 보고만 있는 사람을 끌어내며 '너도 같이 춤추고 노래하자'고 권유하는 말.

728. 새벽달 보려고 초저녁부터 나 앉으랴

▶찾아가기 : 201. 그믐달 보자고 초저녁부터 나 앉으랴.
304. 냇물은 안 보이는데 신발부터 벗는다.

729. 새 본 공과 아이 본 공은 없다

(1) 의미 : 수고해 준 것 인정받기 힘들다.

(2) 해설 : 논에서 새를 보다 한눈을 팔면 잠깐 사이에 새가 벼나락을 다 까먹는다. 또 아기가 조금만 불편해도 울어대니 그 공이 온전히 평가될까.

(3) 같은 뜻의 속담

① 아주머니 속치마는 덮어 주고도 욕먹는다.
② 일해준 건 표나도 애 본 건 표 안 난다.
③ 일은 남의 일 해도 아이는 남의 아이 못 본다.

730. 샘을 보고 하늘을 본다

(1) 의미 : 새삼스레 재인식한다.
(2) 해설 : 평소 보는 하늘은 아무런 인식 없이 그냥 보이는 하늘이다. 그러나 샘물 속에 비친 하늘은 새롭게 느끼는 높은 하늘이다.

731. 샘이 깊은 물 가뭄을 안 탄다

(1) 의미 : 근본이 튼튼하면 모든 일 순조로이 이루어진다.
(2) 같은 뜻의 속담
① 뿌리깊은 나무 가뭄을 안 탄다.

732. 서당개 삼 년에 풍월 한다

(1) 의미 : 훌륭한 자 옆에서 그 훌륭함을 보고 들으면 그 훌륭함에 근접해진다.
(2) 같은 뜻의 속담
① 산까마귀 염불한다.
② 독서당 개 맹자왈 한다.
③ 솔개도 오래면 꿩을 잡는다.
④ 정승집 개 삼 년이면 육갑한다.
(3) 成語 : 당구삼년폐풍월(堂狗三年吠風月)
(4) 연상되는 속담
① 어깨너머 공부
② 얻어들은 풍월

733. 서방질하는 년은 장바닥에 벌여놔야 한다

(1) 의미 : 계집의 외도를 강하게 질책하는 속담.

734. 서울 가서 김서방 찾기

(1) 의미 : 편지의 표기가 애매모호하다.
(2) 같은 뜻의 속담
　① 남대문 입납
(3) 연상되는 속담
　① 도래떡이 안팎이 없다.

735. 서울이 무섭다니까 과천부터 긴다

(1) 의미 : 미리 먹는 겁.
(2) 같은 뜻의 속담
　① 서울이 무섭다니까 남태령부터 긴다.
　② 넘어도 안 가본 고개에 한숨부터 쉰다.

736. 서편에 무지개 서면 개울가 소 매지 마라

(1) 의미 : 서편 무지개는 비가 올 징조.
(2) 같은 뜻의 속담
　① 번개가 잦으면 천둥.
　② 천둥이 잦으면 소낙비.
(3) 연상되는 속담
　① 아침 안개가 중 대가리 벗긴다.

737. 석류는 떨어져도 안 떨어지는 유자 부러워 않는다

(1) 의미 : 석류의 최소한의 자존심.
(2) 연상되는 속담
　① 빌어는 먹어도 다리 아래서 소리 하긴 싫다.

738. 선 떡 먹고 체했나, 웃긴 왜 웃어

(1) 의미 : 실실 실없이 웃는 사람 나무라는 것.
(2) 같은 뜻의 속담
① 외삼촌 물에 빠졌나, 웃긴 왜 웃어.
② 허파에 바라 들었나, 웃긴 왜 웃어.
③ 날아가는 새 ××를 봤나, 웃긴 왜 웃어.
④ 개구리 ××에 털 난 걸 봤나, 웃긴 왜 웃어.
⑤ 날이 좋아 웃는다만 동남풍에 입술이 그슬린다.

739. 선무당이 사람 잡고 반편이 명산 폐묘한다

▶찾아가기 : 575. 반편이 명산 폐묘한다.

740. 선 미련 후 슬기

(1) 의미 : 시행착오 후 올바른 방법이 도출되는 것.
(2) 같은 뜻의 속담
① 한 번 채인 돌 두 번 채이지 않는다.
② 한 번 속지 두 번 속지 않는다.

741. 선불 맞은 호랑이 날뛰듯

▶찾아가기 : 655. 불난 강변에서 덴 소 날뛰듯.

742. 선생의 똥은 개도 안 먹는다

(1) 의미 : 선생이라는 직업은 제자를 가르치느라 속을 많이 썩는 직업.
(2) 같은 뜻의 속담
① 초학 훈장의 똥은 개도 안 먹는다.

743. 섣달이 열아홉이라도 시원치 않다

(1) 의미 : 일을 아무리 연기해도 일이 매듭지어지지 않는 모양새.

744. 설 때 속 썩인 아이 낳을 때도 속 썩인다

(1) 의미 : 시작이 안 좋았으면 끝도 안 좋다.
(2) 해설 : 아기가 잉태될 때 모체를 괴롭힌 아이는 태어날 때도 모체를 괴롭힌다.
(3) 같은 뜻의 속담
① 날 때 궂은 아이 죽을 때도 궂게 죽는다.

745. 설마가 사람 잡는다

(1) 의미 : 그렇게야 되겠느냐고 안심하고 있다가 실제로 그렇게 되어 큰 낭패를 보는 모양새.
(2) 같은 뜻의 속담
① 넘겨짚다 팔 부러진다.
② 지레짐작 매꾸러기.
(3) 연상되는 속담
① 맏며느리 오줌대중으로 제사밥 하다 닭 울린다.

746. 섭산적이 되도록 맞았다

(1) 의미 : 무지막지하게 두드려맞았다.

747. 성부동 남이다

(1) 의미 : 성만 달랐지 친근하기가 친인척 못지않다.
성부동(姓不同) : 성이 같지 않음.
(2) 같은 뜻의 속담
① 친정 일가 같다.

748. 성을 갈겠다

(1) 의미 : 금후 다시는 이 짓 안하겠다는 다짐.

749. 세 사람만 우겨대면 없는 호랑이도 만들어 낸다

(1) 의미 : 우겨대는 것의 가공할 위험성.

(2) 같은 뜻의 속담

① 천인이 찢으면 천금이 녹고 만인이 찢으면 만금이 녹는다.

② 입이 여럿이면 금도 녹인다.

(3) 成語 : 삼인성호(三人成虎)

(4) 연상되는 속담

① 채반이 용수되도록 우긴다.

② 늙은이 무릎 세우듯 우긴다.

③ 상주 보고 제삿날 다툰다.

750. 세 살 적 버릇 여든까지 간다

(1) 의미 : 오래 길들여진 나쁜 버릇 고치기 힘들다.

(2) 같은 뜻의 속담

① 제 버릇 개 못 준다.

② 배운 도둑 남 안 준다.

③ 집에서 새는 바가지 나가서도 샌다.

④ 집에서 죽 쑨 놈 나가서도 죽 쑨다.

⑤ 경상도서 죽 쑨 놈 전라도 가서도 죽 쑨다.

⑥ 무는 개는 죽어야 안 문다.

(3) 연상되는 속담

① 각 관기생 열녀 되랴.

② 까마귀가 학 되랴.

③ 닭 새끼 봉 되랴.

④ 사슴이 기린 되랴.

⑤ 나무 접시 놋 접시 되랴.

⑥ 굽은 나무 그림자도 굽어 보인다.

⑦ 검은 색엔 물감이 들지 않는다.

751. 세 살 적부터 무당질을 했어도 목두기라는 귀신은 처음 듣는다

(1) 의미 : 오래 살아왔어도 그런 소린 금시초문이다.
목두기 : 이름이 무엇인지 모르는 귀신의 이름.

(2) 연상되는 속담

① 열두 살부터 기생 노릇을 했어도 배꼽에 × 박는 놈은 처음 봤다.

752. 세상모르고 약은 것이 세상 넓은 못난이만 못하다

(1) 의미 : 사람은 모름지기 견문을 넓혀야 한다.

사

753. 세상 벙어리가 다 말해도 너만은 가만히 있거라

(1) 의미 : 이제까지의 너의 행실로 봐서 이 일에 대해선 말할 처지가 못 되니 입 다물고 있어라.

(2) 같은 뜻의 속담

① 입이 광주리만 해도 말 못 한다.

754. 세상사 새옹지마라

(1) 의미 : 살아가는 동안 언제 어떻게 어려운 일이 닥칠지 아무도 모른다.

(2) 같은 뜻의 속담

① 어느 구름에 비가 올지.

755. 세상살이 말도 많고 탈도 많고 삼각산에 돌도 많고 바람도 많고 곰 ×에 털도 많다

(1) 의미 : 한 세상 사노라면 갖은 일 다 겪으며 살게 된다.

(2) 같은 뜻의 속담

① 하룻길 가다 보면 소도 보고 말도 본다.

② 하룻길 가다 보면 소 탄 놈도 보고 말 탄 놈도 본다.

756. 세상에서 원형이정(元亨利貞)이 제일이라

(1) 의미 : 세상살이는 순리 즉 사물의 이치에 따라 살아야 한다.
※원형이정은 주역에 나오는 네 가지 덕.

757. 세월은 기다려주지 않는다. 촌음을 아껴 써라

(1) 의미 : 허송세월 하지 마라.

758. 세월이 약

(1) 의미 : 온갖 고통도 시간이 지나면 잦아든다.

759. 세 닢 주고 집 사고 천 냥 주고 이웃 산다

(1) 의미 : 훌륭한 이웃의 중요성을 강조하는 속담.
닢 : 납작한 물건을 세는 단위. 흔히 돈이나 가마니, 멍석 따위를 셀 때 쓰는 말.

(2) 해설 : 좋은 집 고르는 것에 우선해서 좋은 이웃을 골라야 한다.

(3) 같은 뜻의 속담

① 집을 사자면 이웃을 본다.

② 팔백 금으로 집을 사고 천 금으로 이웃을 산다.

760. 세 좋아 인심 얻으라

(1) 의미 : 좋은 위치에 있을 때 선행을 많이 베풀어라.

761. 소가 웃다가 꾸러미 째지겠다

▶찾아가기 : 724. 상주 보고 제삿날 다툰다.

762. 소경의 초하룻날

(1) 의미 : 영업에서의 수입이 좋은 날.
(2) 해설 : 매달 초하루면 그달의 신수 보러 소경 집에 손님이 많이 몰렸었다.

763. 소금 먹은 놈 물 켠다

(1) 의미 : 죄지은 자 대가 치르게 된다.
(2) 같은 뜻의 속담
① 제 죄 남 안 준다.
② 아니 땐 굴뚝에 연기 날까.
③ 아니 때린 장구 소리 날까.
④ 구름 없는 하늘에 비 올까.
⑤ 죄는 지은 대로 가고 덕은 닦은 대로 간다.
(3) 연상되는 속담
① 돌을 들면 낯이 붉어진다.
② 불 없는 곳 연기 없다.
(4) 成語 : 인과응보(因果應報).

764. 소금이 있으면 뿌렸으면 좋겠다

(1) 의미 : 몹시 미운 사람.
(2) 같은 뜻의 속담
① 눈엣가시.
② 소리 없는 총이 있으면 좋겠다.
③ 메밀이 있으면 뿌렸으면 좋겠다.

765. 소 눈 말 눈 크다 해도 의논 보다 큰 것 없다

(1) 의미 : 여럿의 의견에서 합리적 방법이 도출된다.

766. 소 닭 보듯 닭 소 보듯

(1) 의미 : 관심 없어 무덤덤한 모습.

(2) 같은 뜻의 속담

① 사돈 영감 제상 바라보듯.

② 개 닭 보듯.

767. 소도둑 소 몰듯

(1) 의미 : 바쁘게 서두르는 모양새.

(2) 같은 뜻의 속담

① 저녁 나그네 길 재촉하듯.

768. 소도 화낼 때가 있다

▶찾아가기 : 654. 부처님도 화낼 때가 있다.

769. 소라는 까먹어도 한 바구니 안 까먹어도 한 바구니

(1) 의미 : 어떤 일 시작한 흔적이 보이질 않는다.

(2) 같은 뜻의 속담

① 검둥개 목욕시킨 것 같다.

770. 소리 없는 총이 있으면 좋겠다

▶찾아가기 : 765. 소금이 있으면 뿌렸으면 좋겠다.

771. 소문난 잔치 먹을 게 없다

(1) 의미 : 소문만 요란했지 내용은 부실하다.

(2) 같은 뜻의 속담

① 소문난 잔치에 비지떡이 두레반이다.

② 소문난 공 뭣은 넉 자, 소문 안 난 공 뭣은 댓 자.

772. 소 잃고 외양간 고친다

(1) 의미 : 적시의 기회를 놓쳤다.

(2) 같은 뜻의 속담

① 도둑맞고 사립문 고친다.
② 사또 떠난 뒤 나팔 분다.
③ 굿 뒤에 날장구 친다.
④ 열흘 잔치에 열하루 병풍 친다.
⑤ 기차 떠난 뒤 손든다.
⑥ 수수밭 삼밭 다 지내놓고 잔디밭에서 졸라댄다.

773. 소한 추위는 꾸어다가도 한다

(1) 의미 : 절기상 소한은 추운 날이다.
(2) 같은 뜻의 속담
① 대한이 소한 집에 왔다 얼어 죽는다.
② 안 추운 소한 없고 추운 대한 없다.

사

774. 속곳 벗고 함지박에 들었다

▶찾아가기 : 34. 가자니 태산 돌아서자니 숭산이다.

775. 속곳 벗기를 버선짝 벗듯 한다

▶찾아가기 : 264. 날아가는 까마귀도 맛보고 간다.

776. 속곳 입은 시어머니나 안 입은 시어머니나 까다롭긴 마찬가지

(1) 의미 : 까다로운 것은 천성의 문제이지 외양(차림새)의 문제가 아니다.
(2) 해설 : 속곳 안 입었다면 수치스러울 것이다. 그러나 시어머니는 천상 까다롭기에 속곳 단단히 안 입었는데도 수치를 모른 채 며느리를 잡아 족치고 있다.

777. 속에 육조판서가 들었으면 무엇하랴

(1) 의미 : 아무리 학식이 풍부해도 인간 됨됨이가 안된 자는 아무 쓸모 없다.

(2) 같은 뜻의 속담

① 사람이면 사람인가 사람이라야 사람이지.

778. 속 좋기는 기생 서방

(1) 의미 : 비위 상하는 일을 보고도 참고 견디어내는 모양새.

(2) 해설 : 아내가 기생질하며 외간 남자 품에 안기는 꼴을 보고 견디려니 얼마나 비위가 상할까. 그걸 참고 견뎌야 하는 것이 기생 서방이다.

(3) 연상되는 속담

① 눈허리가 시어서 못 보겠다.

② 그 꼴을 보느니 신첨지 신 꼴을 보겠다.

③ 작년 추석에 먹은 송편이 나오려 한다.

④ 젖 먹은 밸까지 뒤집힌다.

779. 손가락 하나 까딱 안 한다

(1) 의미 : 아무 일 않고 놀기만 하는 자를 심하게 욕하는 것.

(2) 같은 뜻의 속담

① 손끝의 물도 튀긴다.

② 콧등에 파리가 앉아도 혓바닥으로 쫓는다.

780. 손뼉도 마주쳐야 소리가 난다

▶찾아가기 : 394, 도둑질도 손발이 맞아야 해 먹는다.

781. 손이 안으로 굽지 밖으로 굽나

(1) 의미 : 친한 사람에게 더 정이 쏠린다.

(2) 같은 뜻의 속담

① 손이 들이굽지 내굽나.

② 잔 잡은 손 펴지 못한다.
③ 한 치 건너 두 치.
④ 동네 개가 싸워도 편들어 준다.

782. 손자 밥 떠먹고 천장 쳐다본다

(1) 의미 : 무안한 모양새.
(2) 해설 : 손자와 겸상한 할아버지가 손자가 잠깐 한눈판 사이 손자 밥을 떠먹었는데 손자에게 들켰다. 할아버지가 얼마나 무안할까.

783. 손자 환갑 닥치겠다

(1) 의미 : 기다리기 지루하다.

사

784. 손 큰 맏며느리 시집살이 했을까

(1) 의미 : 살림살이 알뜰치 못한 맏며느리는 시집살이 온전히 꾸려 가기 힘들다.
(2) 해설 : 물건 흥정 시 물건 파는 사람이 사는 사람한테 더 이상 저렴하게 할 수 없다고 정중히 거절하는 것.

785. 손톱 밑에 가시드는 줄은 알아도 염통에 쉬 쓰는 줄은 모른다

(1) 의미 : 작은 결함은 알면서 큰 결함은 모르고 있다.
(2) 연상되는 속담
① 기와 한 장 아끼다 대들보 썩힌다.
② 닭 잡아 잔치할 걸 소 잡아 잔치한다.
③ 좁쌀만큼 아끼다 담돌만큼 손해 본다.

786. 손톱은 슬플 때마다 돋고 발톱은 기쁠 때마다 돋는다

(1) 의미 : 세상사 기쁨보단 슬픔이 더 많다.
(2) 해설 : 손톱이 자라는 속도는 발톱이 자라는 속도보다 빠르다.
(3) 같은 뜻의 속담
① 한 치의 기쁨에는 한 자의 걱정이 따른다.
② 복은 쌍으로 안오고 화는 홀로 안온다.
③ 화 곁에 복이 기대섰고 복 속에 화가 숨어있다.

787. 솔 심어 정자라

(1) 의미 : 까마득한 먼 훗날에나 이루어질 일이다.
(2) 같은 뜻의 속담
① 어느 세월에.
② 솔 심어 정자라고 얼마나 살 인생인가.
③ 배꼽에 노송나무 나거든.

788. 솔잎이 바삭하니 가랑잎이 할 말 없다

(1) 의미 : 심각한 걱정 있는 사람 앞에서 사소한 걱정거리로 떠들썩 하는 사람에게 전하는 어이없는 표정.

789. 송곳니가 방석니가 된다

(1) 의미 : 분하기 이를 데 없다.
(2) 같은 뜻의 속담
① 땅을 칠 노릇.
(3) 연상되는 속담
① 열이 상투 끝까지 올랐다.

790. 솥뚜껑에 엿을 붙이고 왔나

(1) 의미 : 빨리 돌아가려고 일어서는 사람 더 있다 가라고 만류하면서 하는 말.
(2) 같은 뜻의 속담

① 화롯가에 엿 붙이고 왔나.
② 이불 밑에 엿 묻어두었나.

791. 쇠도 달았을 때 쳐야 한다

(1) 의미 : 기회를 놓치지 말아야 한다.
(2) 같은 뜻의 속담
① 술도 괼 때 걸러야 한다.
② 고사리도 꺾을 때 꺾어야 한다.
③ 쇠뿔도 단김에 빼라.
④ 종기도 곪았을 때 짜야 한다.
⑤ 쇠뿔은 단김이요 호박떡은 더운김이라.

사

792. 쇠 먹은 똥 삭지 않는다

(1) 의미 : 뇌물의 확실한 효과.

793. 쇠뿔도 단김에 빼라

▶찾아가기 : 792. 쇠도 달았을 때 쳐야 한다.

794. 수박 겉핥기

(1) 의미 : 내용 파악을 못한 채 일처리를 대충 하는 것.
(2) 같은 뜻의 속담
① 개 머루 먹듯.
② 개 약과 먹듯.
③ 언청이 콩가루 먹듯.
(3) 연상되는 속담
① 처삼촌 묘 벌초하듯.

795. 수염의 먼지도 털어 주겠다

(1) 의미 : 지나친 아첨.

796. 수염이 댓자라도 먹어야 양반

(1) 의미 : 점잖은 양반도 먹는 것 해결이 우선적 과제다.
(2) 같은 뜻의 속담
  ① 나룻이 석 자라도 먹어야 양반.
(3) 연상되는 속담
  ① 금강산도 식후경.
  ② 악양루도 식후경.
  ③ 꽃구경도 식후경.

797. 수풀의 꿩은 개가 내몰고 오장의 말은 술이 내몬다

(1) 의미 : 술 취한 사람은 마음속에 품은 생각 그대로 표출된다.
(2) 같은 뜻의 속담
  ① 술 취한 사람과 어린애는 거짓말 안 한다.
  ② 상시 먹은 마음 취중에 나온다.
  ③ 외모는 거울로 보고 마음은 술로 본다.
  ④ 취중에 진담 나온다.

798. 순산이나 하였으니 다행 하지요

(1) 의미 : 아들 출산을 원하던 산모가 딸을 출산했을 때 위로조로 건네는 말.

799. 순천자는 살고 역천자는 망한다

(1) 의미 : 순리에 따라 바르게 행동할 것을 권장하는 말.
(2) 같은 뜻의 속담
  ① 세상에서 원형이정(元亨利貞)이 제일이라.

800. 순풍에 돛 단 배

▶찾아가기 : 16. 가던 날이 장날.

801. 숟갈은 부엌에 놓고 절구는 헛간에 놓아라

▶찾아가기 : 20. 가루 가지고 떡 못 만드랴.
646. 부엌에서 숟가락 얻었다.

802. 술과 안주를 보면 맹세도 잊는다

(1) 의미 : 애주가의 속성.

803. 술 먹은 사람과 어린애는 거짓말 안 한다

▶찾아가기 : 798. 수풀의 꿩은 개가 내몰고 오장의 말은 술이 내몬다.

804. 술, 여자, 도박은 패가망신의 주범

(1) 의미 : 과도한 음주, 과도한 색욕, 노름 근성은 패가망신하는 지름길이다.

805. 술은 제 어미가 따라도 맛이 낫다

(1) 의미 : 술은 여자가 따라주는 것이 남자가 따라주는 것보다 그 깊은 맛을 느낄 수 있다는 남자의 변.

806. 술은 초물에 취하고 사람은 훗물에 취한다

(1) 의미 : 오랜 사귐 끝에 그 사람의 진가를 알게 된다.

807. 숨은 내쉬지만 말은 내하지 마라

(1) 의미 : 하고 싶다고 말을 함부로 하면 여러 가지 문제가 생길 수 있으니 말할 때는 조심조심 신중을 기해야 한다.

808. 숭어가 뛰니 망둥이도 뛴다

▶찾아가기 : 110. 계집아이 오라비 하니 사내도 오라비 한다.

809. 숲이 깊어야 도깨비가 난다

(1) 의미 : 인격과 덕망이 훌륭해야 따르는 자가 있다.

(2) 같은 뜻의 속담

① 물이 깊어야 고기도 모인다.

② 골이 깊어야 범도 난다.

810. 승하면 충신 패하면 역적

(1) 의미 : 명목상 이긴 자에게 모든 게 유리하게 평가되는 모양새.

811. 시거든 떫지나 말고 얽었거든 검지나 말아야지

(1) 의미 : 온갖 못된 것은 다 갖고 있다.

(2) 같은 뜻의 속담

① 구멍 투성이에 부스럼 투성이.

② 방정맞거든 급하지나 말아야지.

③ 물기 없는 빈대 ××라.

(3) 연상되는 속담

① 옥에는 티나 있지.

② 백미에는 뉘나 있지.

③ 봉산 참배는 물이나 있지.

812. 시누이의 올케 흉허물 찾는 눈은 해달보다 더 밝다

(1) 의미 : 시누이의 올케에 대한 곱지 않은 시선.

(2) 같은 뜻의 속담

① 시누이 하나에 바늘이 네 쌈.

② 시누이 하나에 벼룩이 닷 되.

813. 시누이 하나에 바늘이 네 쌈

▶찾아가기 : 813. 시누이의 올케 흉허물 찾는 눈은 해달보다 더 밝

다.

814. 시렁 눈 부채 손

(1) 의미 : 자존심만 강했지 실생활에 도움되는 행동 하는 것이 별로 없다.
※시렁은 옛 초가집 방에 설치해 놓은 높은 선반.

815. 시아버지 죽었다고 좋아하더니 왕굴자리 떨어지니 생각난다

(1) 의미 : 때늦은 후회.
(2) 해설 : 왕굴자리 만들어 주시던 시아버지. 그 시아버지 죽었다고 좋아했었는데, 그 왕굴자리가 떨어지니 시아버지를 저주한 내가 못내 죄스러웠음을 실토하고 있다.
(3) 같은 뜻의 속담
① 시아버지 죽었다고 좋아하더니 동지섣달 맨발로 물 길러갈 때 생각난다.
② 시에미 죽으라고 축수했더니 물 부어 보리방아 찧을 때 생각난다.

816. 시아주버니와 제수는 백년손

(1) 의미 : 시아주버니와 제수 관계는 상당히 어렵고 불편한 관계.

817. 시에미 노여움에 개 배때기 찬다

(1) 의미 : 딴 곳 가서 화풀이 하는 것.
(2) 같은 뜻의 속담
① 종로에서 뺨 맞고 한강 가서 눈 흘긴다.
② 종로에서 뺨 맞고 송도 가서 주먹질한다.
③ 다리 아래서 원님 꾸짖는다.

④ 영에서 뺨 맞고 집에 와서 계집 친다.
⑤ 홧김에 서방질한다.
⑥ 제 얼굴 못나 거울 깬다.
⑦ 읍에서 매 맞고 장거리에서 눈 흘긴다.

818. 시에미 죽으라고 축수했더니 물 부어 보리방아 찧을 때 생각난다

▶찾아가기 : 816. 시아버지 죽었다고 좋아하더니 왕굴자리 떨어지니 생각난다.

819. 시작이 반이다

(1) 의미 : 무슨 일이든 일단 시작해 놓으면 끝을 볼 수 있게 된다.

820. 시장이 반찬이다

(1) 의미 : 배고프면 모든 음식이 다 맛있다.

821. 시조 하라면 발 뒤축이 아프다 한다

(1) 의미 : 그럴듯한 핑계

822. 시집 가 석 달 장가 가 석 달 같으면 살림 못 할 사람 없다

(1) 의미 : 결혼 후 3개월간은 서로간의 애정이 충만한 기간이다.

823. 시집 까마귀는 가오 가오 울고 친정 까마귀는 비오 비오 운다

(1) 의미 : 시집살이의 괴로움을 까마귀가 대신 표현해 주는 모양새.
(2) 해설 : 친정에 가고 싶은 마음을 '가오 가오 울고'로 표현하고 친정에 더 머물고 싶은 마음을 비가 오라고 '비오 비오 운

다'로 표현하고 있다.

824. 시집을 대로 가겠다

(1) 의미 : 처녀의 언행, 태도 등 모든것이 못마땅함을 말하는 것.

825. 식은 죽 먹기

▶찾아가기 : 451. 땅 짚고 헤엄치기.

826. 식혜 먹은 고양이상

(1) 의미 : 잘못 저지른 자의 불안한 모습.
(2) 해설 : 제사에 쓸 식혜를 훔쳐먹은 고양이의 불안한 모습.

사

827. 신새벽에 참새 오입질 하듯

(1) 의미 : 잠깐 사이 무슨 일을 후다닥 해치운다.
(2) 해설 : 해 떠오를 무렵 참새들은 야단스레 짝짓기를 해댄다.

828. 실뱀 한 마리가 온 바다를 흐린다

(1) 의미 : 한 사람의 잘못이 전체에 막대한 피해를 입힌다.
(2) 같은 뜻의 속담
① 미꾸라지 한 마리가 온 웅덩이를 흐린다.

829. 실 얽힌 건 풀어도 노 얽힌 건 못 푼다

(1) 의미 : 상대방에게 막말을 해서 심적 타격 입힌 것 회복시키기 수월치 않다.
(2) 같은 뜻의 속담
① 한 말은 삼 일, 들은 말은 삼 년 간다.
② 칼에 찔린 상처는 나아도 말에 찔린 상처는 안 낫는다.
(3) 연상되는 속담
① 칼날의 흠은 고쳐도 말 흠은 못 고친다.

② 화살은 쏟고 주워도 말은 해 놓고 못 줍는다.

830. 실 없는 말이 송사 간다

(1) 의미 : 아무렇게나 한 말이 상대방에겐 치명적 상처가 돼 살인으로까지 비화될 수 있다.

(2) 같은 뜻의 속담

① 웃으며 한 말에 초상난다.

② 혀 아래 도끼 들었다.

③ 혀 아래 죽을 말이 있다.

④ 곰은 쓸개 때문에 죽고 사람은 입 때문에 죽는다.

⑤ 사람의 혀는 뼈가 없어도 뼈를 부순다.

831. 싫은데 선 떡

(1) 의미 : 좋은 핑계거리가 생긴 것.

(2) 해설 : 식욕 없어 먹기가 싫은데 선 떡을 먹으라고 준다. 얼마나 거절하기 좋을까.

(3) 같은 뜻의 속담

① 울고 싶자 매 때린다.

832. 심사가 놀부

(1) 의미 : 못돼먹은 심사

(2) 같은 뜻의 속담

① 심사가 꽁지벌레.

② 심사가 애호박에 말뚝박기라.

③ 심사가 고추밭에 말 달리기라.

④ 심사가 오 대 독자 불알 까기라.

⑤ 심술만 먹어도 삼 년은 더 살겠다.

⑥ 심사가 못 먹는 감 찔러나 본다.

⑦ 심사가 못 먹을 밥 재나 뿌린다.

⑧ 심사가 저 먹자니 싫고 남 주자니 아깝다.

833. 십 년 공부 나무아미타불

(1) 의미 : 오랫동안의 수고가 헛수고가 됐다.

(2) 같은 뜻의 속담

① 십 년 공부 도로아미타불.

② 십 년 공부 도래미타불.

③ 십 년 과수로 앉았다가 고자 대감 만난다.

※십 년 과수는 오랜 기간의 과부를 말한다.

(3) 연상되는 속담

① 죽 쑤어 개 좋은 일.

② 빚내 장가가고 동네 머슴 좋은 일.

③ 산전 일궈 고라니 좋은 일.

사

834. 십 년 묵은 체증이 내리는 것 같다

(1) 의미 : 오랫동안 머리 아픈 일이 깔끔히 해결됐다.

(2) 같은 뜻의 속담

① 앓던 이가 빠진 것 같다.

② 미친 개 범 물어 간 것 같다.

835. 십 리 밖에 있어도 오리나무

(1) 의미 : 이렇게 표현하건 저렇게 표현하건 '그것이라는 사실'에는 변함이 없다.

(2) 해설 : 십 리 밖에 서 있다고 해서 십리나무가 될 수는 없다. 오리나무는 어디에 서 있어도 오리나무이다.

(3) 같은 뜻의 속담

① 낮에 봐도 밤나무 밤에 봐도 밤나무.

② 방앗간에서 울었어도 그 집 조상.

836. 싱거운 동네 가서 구장질 하거라

(1) 의미 : 싱거운 행동하는 사람을 나무라는 것.

(2) 같은 뜻의 속담

① 싱겁기는 늑대 불알.

② 싱겁기는 황새 똥구멍.

③ 싱겁기는 홍동지네 세 벌 장물이라.

837. 싱겁기는 늑대 불알

▶찾아가기 : 837. 싱거운 동네 가서 구장질 하거라.

838. 싱겁기는 맹물에 조약돌 삶은 맛

(1) 의미 : 음식 맛이 몹시 싱겁다.

839. 싱겁기는 황새 똥구멍

▶찾아가기 : 837. 싱거운 동네 가서 구장질 하거라.

840. 싸가지가 쉬파리 × 만큼도 없다

(1) 의미 : 하는 언행이 아주 못돼먹었다.

841. 싸고 싼 사향도 냄새난다

(1) 의미 : 학식, 인품, 덕행 등이 훌륭한 자는 나타내지 않아도 알려진다.

(2) 같은 뜻의 속담

① 주머니에 들어간 송곳.

② 따오기는 멱을 감지 않아도 희다.

③ 옥은 흙에 묻혀도 옥이다.

(3) 연상되는 속담

① 고니의 날개 물에 젖지 않는다.

② 기러기의 털은 물에 젖지 않는다.
③ 호박은 더러운 먼지 빨아들이지 않는다.

842. 싸라기 밥을 먹었나

(1) 의미 : 반말할 만한 처지가 아닌데도 불구하고 건방지게 반말을 하고 있다.

843. 싸리 말을 태워라

(1) 의미 : 불필요한 사람 내보낼 때 마찰 없게 좋은 말로 내보내는 모양새.
(2) 해설 : 마귀를 내쫒을 때 싸리로 말을 만들어 그 말에 태워 내버리는 풍습이 있었다.
(3) 같은 뜻의 속담
① 622. 별성마마 배송하듯.

844. 싸움은 말리고 흥정은 붙이랬다

(1) 의미 : 좋지 않은 행위는 나무라고 바람직한 행위는 권장해라.
(2) 같은 뜻의 속담
① 싸움은 말리고 불은 끄랬다.
(3) 成語 : 권선징악(勸善懲惡).

845. 싹수가 노랗다

(1) 의미 : 일이 제대로 이루어질 가능성이 안 보인다.
(2) 같은 뜻의 속담
① 될성부른 나무는 떡잎부터 알아본다.

846. 쌀 광에서 인심 난다

(1) 의미
① 마음만으로의 베풂은 물질적 베풂에 미치지 못한다.

사

② 내가 능력이 돼야 물질적 베풂이 가능해진다.

(2) 같은 뜻의 속담

① 쌀독에서 인심 난다.

847. 쌍놈도 꿈속에선 양반 볼기를 친다

(1) 의미 : 꿈속에선 불가능한 것도 가능해진다. 평소에 가지던 마음이 꿈속에서 이루어지는 것.

(2) 같은 뜻의 속담

① 거렁뱅이도 꿈속에선 부마 노릇 한다. ※부마는 임금의 처남.

848. 쌍지팡이 짚고 나선다

(1) 의미 : 적극적으로 그 일 하지 말라고 말린다.

(2) 같은 뜻의 속담

① 점심 싸가지고 다니며 말린다.

849. 쏘아놓은 화살이요 엎지른 물이다

(1) 의미 : 사태가 수습, 회복이 불가능한 지경에 이르렀다.

850. 쑥대밭이 되었다

(1) 의미 : 폐허가 되었다.

(2) 해설 : 일본 나가사키에 원폭 투하됐을 때 나가사키는 폐허가 됐고 그 후 처음 생성된 식물이 쑥대였다.

851. 쓰면 뱉고 달면 삼킨다

(1) 의미 : 신의는 외면한 채 나에게 불리하면 안하고 당장 나에게 유리하면 행한다.

(2) 成語 : 감탄고토(甘呑苦吐).

852. 쓴맛 모른 자 단맛도 모른다

(1) 의미 : 불행을 겪어보지 않은 자는 행복한 상황 접해도 진정한 행복감을 느끼지 못한다.

853. 씨아와 사위는 먹고도 안 먹는다

(1) 의미 : 사위에 대한 처갓집에서의 극진한 대접.

(2) 해설 : 사위가 처갓집에 가서 먹는 것은 아무리 많이 먹어도 아깝게 생각하지 않는다.

(3) 같은 뜻의 속담

① 사위는 백년손.

② 장모는 사위가 오면 신발을 거꾸로 신은 채 뛰어나가 반긴다.

③ 처갓집 갈 땐 어석술 차고 간다.

※처가에서 밥을 듬뿍 꾹꾹 눌러 담아주기에 보통의 숟갈로는 집히지 않아 잘 집히는 어석술이 필요하다.

사

854. 씨암탉 잡은 듯

(1) 의미 : 화목한 가정.

(2) 연상되는 속담

① 떡 해 먹을 집안.

(아)

855. 아가리가 광주리만 해도 그런 소리 못 한다

(1) 의미 : 네 입장에서 그것 관련 말할 자격조차 없으니 잠자코 있어라.

856. 아가리만 벌리면 욕이요 주먹만 쥐면 싸움이다

(1) 의미 : 입이 걸어 욕 잘하는 사람, 남에게 시비 잘 거는 사람 나무라는 것.

아

857. 아내가 귀여우면 처갓집 말뚝 보고 절한다

(1) 의미 : 아내가 흡족하게 마음에 들면 아내 주위, 아내와 관련된 모든 것이 다 좋게 보인다.

(2) 같은 뜻의 속담

① 아내가 귀여우면 처갓집 문설주도 귀엽다.

② 아내가 귀여우면 처갓집 울타리도 귀엽다.

858. 아는 것이 병

(1) 의미 : 알아도 제대로 알지 못하고 대충 알면 그 자체가 화근이 되고, 제대로 알고 있다면 너무 똑똑한 체한 것이 화근이 된다.

(2) 같은 뜻의 속담

① 모르는 게 약.

② 모르는 게 부처.

859. 아는 길도 물어 가라

▶찾아가기 : 405. 돌다리도 두드려 보고 건넌다.

860. 아는 도둑놈 묶듯

(1) 의미 : 허술하게 묶는 것.
(2) 같은 뜻의 속담
  ① 아는 죄인 묶듯.
(3) 연상되는 속담
  ① 진상 가는 꿀동이 동이듯.

861. 아는 죄인 묶듯

▶찾아가기 : 861. 아는 도둑놈 묶듯.

862. 아는 체 말고 모르는 체 마라

(1) 의미 : 꾸미지 않은 순수한 상태로 일관하라.
(2) 같은 뜻의 속담
  ① 빨아 달인 체 말고 진솔로 있거라.
  ② 정직은 일생의 보배.

863. 아니 땐 굴뚝에 연기 날까

▶찾아가기 : 764. 소금 먹은 놈 물 켠다.

864. 아닌 밤중에 홍두깨

(1) 의미 : 엉뚱하게 봉변 당하는 것.
(2) 연상되는 속담
  ① 자다가 봉창 두드린다.

865. 아들 못난 건 제 집만 망하고 딸 못난 것은 양 사돈 다 망한다

(1) 의미 : 딸은 출가를 해야 하는 측면에서 아들보다 더욱 언행에 조심에 조심을 기해야 한다.

866. 아들 열 낳은 집의 고추 값이다

(1) 의미 : 시세에 걸맞지 않게 비싸게 팔고 사는 모양새.
(2) 해설 : 아들 못 낳는 여자들이 아들 많이 난 집 금줄에 달린 고추를 비싼 값에라도 사다가 몸에 지니고 다니며 아들 낳기를 기원했던 풍습이 있었다.

867. 아래 큰 년의 살림살이

(1) 의미 : 헤픈 살림살이.
(2) 해설 : 아래 큰 년에게서 알뜰한 살림을 기대할 수 있을까?

868. 아랫돌 빼서 윗돌 고인다

▶찾아가기 : 292. 낫으로 삽 가리기.

869. 아무리 바빠도 바늘허리 매어 못 쓴다

(1) 의미 : 핵심적 절차 빠지면 일이 성사되지 않는다.
(2) 같은 뜻의 속담
① 급하다고 콩 마당에서 간수 치랴.

870. 아무리 총명해도 무딘 연필만 못 하다

(1) 의미 : 메모의 중요성을 강조하는 속담.
(2) 해설 : 기억에는 한계가 있다. 어디라도 적어 놓는 것이 최선이다.

(3) 成語 : 총명불여둔필(聰明不如鈍筆).
(4) 연상되는 속담
① 구름장에 치부했다.

871. 아비만 한 자식 없다

(1) 의미 : 자식이 아무리 똑똑해도 아버지의 지혜에는 미치지 못한다.
(2) 연상되는 속담
① 형만 한 아우 없다.

872. 아예 팔자 험하거든 두 번 팔자 보지 마라

(1) 의미 : 이혼한 여자가 다시 재가해 봤자 좋은 결과 얻기 힘들다.

873. 아이 보는 데서 찬물도 못 마신다

(1) 의미 : 아이들은 어른들의 언행을 따라하게 되므로 아이들 보는 데서는 언행을 극구 조심해야 한다.

874. 아이 본 공과 새 본 공은 없다

(1) 의미 : 힘들게 일한 성과를 인정받지 못하는 것.
(2) 해설 : 아이 엄마의 부탁으로 아이를 돌봐주는 일, 벼가 익어가는 논에서 주인의 부탁으로 새를 보아주는 일은 그 성과를 인정받기 힘들다. 수시로 보채는 아이, 잠깐 한눈판 사이 나락 다 쪼아먹는 새가 그 원인일 것이다.
(3) 연상되는 속담
① 아주머니 속곳은 덮어 주고도 욕먹는다.

875. 아이 싸움이 어른 싸움 된다

(1) 의미 : 남의 자녀와 내 자녀와의 다툼이 남의 집 부부와 내 자녀 부부의 싸움으로 번지는 것.

876. 아저씨 아저씨 하며 길짐만 지운다

(1) 의미 : 위해주는 척하며 골탕 먹인다.

(2) 같은 뜻의 속담

① 아주머니 아주머니 하며 외상술 달란다.

(3) 연상되는 속담

① 등 치고 간 내먹는다.

② 어르고 뺨친다.

877. 아침 안개가 중 대가리 벗긴다

(1) 의미 : 아침에 끼는 자욱한 안개는 폭염의 징조.

878. 아침에 우는 새는 배가 고파 울고 저녁에 우는 새는 님이 그리워 운다

(1) 의미 : 배고픔과 임에 대한 그리움을 알리는 새의 울음소리.

879. 안되면 조상 탓

(1) 의미 : 나의 잘못을 남의 잘못으로 돌리는 모양새.

(2) 해설 : 일이 뜻대로 이루어지지 않을 때 조상 묘를 잘 못 써서 그렇게 되었다고 조상을 원망하고 있다.

(3) 같은 뜻의 속담

① 안되면 지관 탓.

② 봉사 개천 탓.

③ 국수 못하는 년 피나무 안 반 탓.

④ 서투른 무당 장구 탓.

⑤ 쟁기질 못하는 농부 소 탓.

⑥ 문비를 거꾸로 붙이고 환장이 나무란다.

※문비는 유명한 장수의 초상화. 환장이는 화가.

아

880. 안방 가면 더 먹을까 부엌에 가면 더 먹을까

(1) 의미 : 두 가지 방법을 놓고 어느 것을 택할까 저울질하는 모양새.

(2) 같은 뜻의 속담

① 이 장 떡이 큰가 저 장 떡이 큰가.

② 두 손의 떡.

881. 안방 가면 시에미 말이 옳고 부엌에 가면 며느리 말이 옳다

(1) 의미 : 진위 여부, 시비곡직을 판단하기가 쉽지 않다.

(2) 해설 : 어떤 일에 대해서 시어머니와 며느리는 각각 자기에게 유리한 이야기만 하고 있으니 듣는 이 입장에서 그 진위 판단이 수월치 않다.

(3) 연상되는 속담

① 사공이 많으면 배가 산으로 간다.

② 어느 장단에 춤추랴.

③ 이 굿에는 춤추기 어렵다.

882. 안 벽 치고 밖 벽 친다

(1) 의미 : 이쪽 사람한테는 저쪽 사람 단점을 이야기해 주고 저쪽 사람한테는 이쪽 사람 단점을 이야기해 줌으로써 두 사람의 관계가 나빠지게 하는 이간질.

883. 안 보면 보고 싶고 보면 이가 갈린다

(1) 의미 : 짝사랑하는 쪽이 상대방에게 가지는 심리상태.

884. 안성맞춤

(1) 의미 : 상황에 딱 들어맞는다.
(2) 해설 : 안성의 유기공장에 유기를 주문하면 주문한 자의 의도에 따라 유기를 정확하게 만들어 제공했다.

885. 앉아서 먹으면 태산도 못 당한다

(1) 의미 : 아무런 수입 없이 있는 재산을 까먹기만 하는 것의 위험성을 경고하는 속담.

886. 앉아서 삼천리 서서 구만리

(1) 의미 : 미래에 일어날 일을 통찰하는 식견이 탁월하다.
(2) 연상되는 속담
① 하늘 천 하면 검을 현 한다.
② 한 자를 가르쳐 주면 열을 안다.

아

887. 앉아서 주고 서서 받는다

(1) 의미 : 금전을 대여해 주는 것은 내 뜻대로 하니까 쉽지만 회수할 때는 쉽게 회수하기 힘들다.

888. 앉은 데가 본이라

(1) 의미 : 객지라도 터 잡아 살고 있으면 고향이나 다름없다.
(2) 같은 뜻의 속담
① 정 들면 고향.

889. 앉은뱅이 앉으나 마나

▶찾아가기 : 640. 봉사 안경 쓰나 마나.

890. 앉을 자리 설 자리를 모른다

(1) 의미 : 처신할 줄 모른다.
(2) 같은 뜻의 속담

① 머리 둘 데를 모른다.

891. 알기는 오뉴월 똥파리

(1) 의미 : 별로 유식하지도 않은 자가 유식한 체하는 것을 나무라는 것.

(2) 같은 뜻의 속담

① 알기는 똥파리 손자.

② 아는 걸 보니 먹고 싶은 것도 많겠다.

(3) 연상되는 속담

① 나 모르는 기생은 다 가 기생이다.

892. 알아야 면장을 한다

(1) 의미 : 그 직책에 걸맞는 실력을 갖추어야 직책을 수행할 수 있다.

(2) 같은 뜻의 속담

① 면장이란 사람이 ×도 모른다.

② ×도 모르는 게 면장질 한다.

※유래 : 어느 고을에서 어린이가 지나가다 소변이 마려워 소변을 보고 있었다. 이때 그곳을 지나가던 면장이 소변을 보는 어린이의 고추를 가리키며 "너 이게 뭔줄 알아?" 라고 물으니 그 어린이는 머쓱해지고 얼굴만 붉혔다. 그리고 집에 가 제 어머니한테 그 사실을 말했다. "엄마, 아까 오는 길에 면장을 만났었는데, 면장이란 작자가 ×도 몰라."

893. 앓느니 죽는다

(1) 의미 : 남 시켜 일해 못마땅한 결과를 얻느니 힘들더라도 내가 직접 하는 것이 낫겠다.

(2) 연상되는 속담

① 내 손이 내 딸이다.

※내 손으로 직접 하는 것이 가장 믿음직스런 내 딸 같다.

② 남의 일이라면 오뉴월에도 손이 시리다.

※남의 일은 내 일 같은 의욕이 안 생긴다.

894. 앓던 이 빠진 것 같다

▶찾아가기 : 835. 십 년 묵은 체증이 내리는 것 같다.

895. 앵무새는 말은 잘하지만 날짐승이다

(1) 의미 : 실행이 따르지 않는 말은 아무 가치가 없다.

(2) 같은 뜻의 속담

① 말로 온 동네를 겪는다.

② 말로는 못 할 말이 없다.

③ 말로 해서는 애도 안 생긴다.

896. 얌전한 며느리 시아버지 밥상에 마주 앉는다

(1) 의미 : 얌전한 체하는 모양.

(2) 같은 뜻의 속담

① 얌전한 개 부뚜막에 먼저 오른다.

(3) 연상되는 속담

① 열녀전 끼고 서방질한다.

897. 양반 못된 것 장에 가 호령한다

(1) 의미 : 못된 양반을 나무라는 것.

(2) 같은 뜻의 속담

① 양반인가 두 냥 반인가.

② 양반 못된 것 남의 집 안방으로만 돈다.

③ 양반 못된 것 과부 집에서 나온다.

(3) 연상되는 속담

① 일가 못된 것 항렬만 높다.

898. 양반은 물에 빠져도 개헤엄은 안 친다

(1) 의미 : 최소한의 자존심은 있다.
(2) 같은 뜻의 속담
  ① 빌어는 먹어도 다리 아래서 소리 하긴 싫다.
  ② 봉은 굶주려도 좁쌀은 먹지 않는다.
(3) 연상되는 속담
  ① 체면이 사람 죽인다.

899. 양반의 새끼는 고양이 새끼요 상놈의 새끼는 돼지 새끼다

(1) 의미 : 양반의 자식은 양반의 올바른 품행을 닮게 되고 상놈의 자식은 상놈의 돼먹지 않은 행태를 닮게 된다.
(2) 해설 : 고양이 새끼는 자라면서 점점 고운 모양을 갖게 되지만 돼지 새끼는 자라면서 점점 거친 모양이 된다.

900. 양반인가 두 냥 반인가

▶찾아가기 : 898. 양반 못된 것 장에 가 호령한다.

901. 양지 마당의 씨암탉 걸음

(1) 의미 : 남자의 마음을 끌기 위한 여자의 교태스러운 걸음걸이.
(2) 같은 뜻의 속담
  ① 양화도 색시 선유봉 걷는다.
    ※양화도는 지금의 마포구 당인리 인근
  ② 백사장의 금자라 걸음.

902. 어금니 서 말은 챙겼겠다

(1) 의미 : 여자의 남자 꼬이는 솜씨가 예사롭지 않다.

(2) 해설 : 기생을 사랑하는 징표로 남자들은 어금니를 빼서 주는 풍습이 있었다.

(3) 같은 뜻의 속담

① 여우 ××를 찼나.

903. 어깨너머 공부

(1) 의미 : 정식 절차를 거치지 않은 피상적 지식.

(2) 같은 뜻의 속담

① 얻어들은 풍월.

904. 어느 개가 짖느냐 한다

(1) 의미 : 상대방이 말하는데 무성의한 태도를 취한다.

(2) 같은 뜻의 속담

① 들은 둥 만 둥.

② 한 귀로 듣고 한 귀로 흘린다.

③ 가을바람 귓전 스쳐가듯.

④ 콧방귀 뀐다.

(3) 成語 : 마이동풍(馬耳東風).

905. 어느 구름에 비가 올지

▶찾아가기 : 755. 세상사 새옹지마.

906. 어느 바람이 들이불까

(1) 의미 : 완벽한 조치.

(2) 해설 : 어떤 거센 바람에도 끄떡없도록 완벽히 조치했다.

907. 어느 장단에 춤추랴

▶찾아가기 : 681. 사공이 많으면 배가 산으로 간다.

908. 어린애 입 잰 것

(1) 의미 : 별로 쓸모가 없다.

(2) 같은 뜻의 속담

① 계집 입 싼 것.

② 노인 부랑한 것.

③ 맏며느리 손 큰 것.

④ 돌담 배부른 것.

909. 어머니 다음에 형수

(1) 의미 : 집안 살림 알뜰히 꾸려나가는 데는 어머니 다음에 형수다.

910. 어미 딸이 쌍절구질 하듯

▶찾아가기 : 398. 도련님엔 당나귀가 제격.

911. 어미 팔아 동무 산다

(1) 의미 : 진정한 친구 사귐의 중요성을 강조하는 속담.

(2) 연상되는 속담

① 팔백 금으로 집 사고 천 냥 주고 이웃 산다.

912. 어제 보던 손님

(1) 의미 : 처음 만나면서도 금세 친근감을 느끼게 되는 사람.

(2) 같은 뜻의 속담

① 한 번 보면 초면, 두 번 보면 구면.

913. 어지간해야 생원님하고 벗 하지

(1) 의미 : 수준이 안 맞아 상대하기 힘들다.

914. 어질병이 지랄병 된다

(1) 의미 : 병은 초기 치료가 최선이다.

915. 언 발에 오줌 누기

▶찾아가기 : 292. 낯으로 살 가리기.

916. 얻어온 죽에 머리가 아프다

(1) 의미 : 남에게 신세지는 것은 마음의 부담이다.
(2) 같은 뜻의 속담
① 죽사발이 웃음이요 밥사발이 눈물이라.

917. 엄부 밑에 효자 나고 엄모 밑에 효녀 난다

(1) 의미 : 효자 만들기에는 아버지 영향이 크고, 효녀 만들기에는 어머니 영향이 크다.

아

918. 없는 놈이 찬밥 더운밥 가리랴

▶찾아가기 : 670. 빌어먹는 놈이 이밥 조밥 가리랴.

919. 없으면 제 애비 제사도 못 지낸다

(1) 의미 : 집안 살림살이 나라 살림살이 등 경제의 중요성을 강조하는 속담.
(2) 해설 : 가난하면 우선적으로 해야 하는 아버지 제사도 지낼 수 없다.

920. 엎어지면 코 닿을 데

(1) 의미 : 아주 가까운 거리.
(2) 같은 뜻의 속담
① 부르느니 말하지.

(3) 연상되는 속담

① 지척이 천리.

921. 여드레 삶은 호박에 송곳 안 들어갈 소리

▶찾아가기 : 724. 상주 보고 제삿날 다툰다.

922. 여우가 죽으니 토끼가 슬퍼한다

(1) 의미 : 동류의 슬픔을 같이 한다.

(2) 같은 뜻의 속담

① 난초 불 붙으니 혜초가 탄식한다.

② 소나무 말라 죽으니 잣나무 슬퍼한다.

(3) 연상되는 속담

① 초록은 동색

(4) 成語 : 동병상련(同病相憐).

923. 여울물로 소금섬을 끌라면 끈다

(1) 의미 : 시키는 대로 명령에 복종한다.

(2) 같은 뜻의 속담

① ×으로 밤송이를 까라면 깐다.

② 입 안의 혀다.

③ ×으로 못을 뽑으라면 뽑는다.

924. 여자는 예뻐도 욕먹고 미워도 욕먹는다

(1) 의미 : 여자가 예쁘면 얼굴값 한다고 욕먹고 미우면 못생겼다고 욕먹는다.

925. 여자는 질투 빼면 한 그람도 안 된다

(1) 의미 : 여자의 질투심은 다른 어떤 것에 비할 바 없게 대단하다. 질투심은 여자의 본성.

(2) 같은 뜻의 속담

① 여자는 질투 빼면 반 근도 안 된다.

② 여자는 질투 빼면 두 근도 안 된다.

③ 여자는 남편 옆에 암코양이만 있어도 질투한다.

(3) 연상되는 속담

① 여자는 강짜를 빼면 세 근도 안 된다.

※강짜는 남편에 대한 무리한 요구를 일컫는다.

926. 여자 안 낀 살인 없다

(1) 의미 : 모든 살인사건에서 '여자 관련'은 큰 비중을 차지한다.

927. 여자 앞에서 무릎 안 꿇는 사내 없다

(1) 의미 : 남녀의 애정행위를 상징하는 속담.

(2) 같은 뜻의 속담

① 여자 앞에서는 임금님도 무릎을 꿇는다.

928. 여자의 곡한 마음은 오뉴월에도 서릿발이 내린다

▶찾아가기 : 108. 계집의 악담은 오뉴월에도 서리가 내린다.

929. 여자의 악담에는 오뉴월에도 서릿발이 내린다

▶찾아가기 : 108. 계집의 악담은 오뉴월에도 서리가 내린다.

930. 열 길 물속은 알아도 한 길 사람 속은 모른다

(1) 의미 : 사람들의 마음속에 무슨 생각을 하고 있는지 알기는 매우 어렵다.

(2) 같은 뜻의 속담

① 남의 속은 동네 존위도 모른다.

② 낯(얼굴)은 알아도 마음은 모른다.

(3) 연상되는 속담

① 천 길 물속은 알아도 계집 마음속은 모른다.
② 한 품에 든 임의 마음도 모른다.

931. 열 길 물이 한 골로 모인다

(1) 의미 : 여러 사람이 각자 책임져야 할 죄과를 한 사람이 전부 감당하는 모양.

932. 열녀 과부 바람나면 강 건너 고자까지 코피 터진다

(1) 의미 : 억제되었던 욕망이 폭발하면 감당하기 힘들 정도다.
(2) 같은 뜻의 속담
① 차돌에 바람 들면 삼만 리를 날아간다.

933. 열녀전 끼고 서방질 한다

(1) 의미 : 겉으로는 정숙하고 깨끗한 척, 속은 그렇지 않은 모양.

934. 열 놈이 백 말을 하여도 들을 이 짐작이라

(1) 의미 : 상대방이 무슨 말을 하든 내 나름대로 올바로 판단해서 들어야 한다.
(2) 같은 뜻의 속담
① 남의 말 다 들으면 목에 칼 벗을 날 없다.

935. 열 달 만에 아이 낳을 줄 몰랐던가

(1) 의미 : 예견된 일에 미리 대처하지 못함을 나무라는 것.

936. 열두 살부터 기생질을 했어도 배꼽에 뭐 박는 놈은 처음 본다

(1) 의미 : 그런 언행 하는 것 처음 본다.
(2) 같은 뜻의 속담

① 열두 살부터 무당질을 했어도 꼭두기라는 귀신은 처음 듣는다.

(3) 成語 : 금시초문(今始初聞).

937. 열무김치 맛도 안 들어 군둥내부터 난다

(1) 의미 : 나이도 얼마 안 된 놈의 행태가 너무 시건방지다.

938. 열 번 재고 가위질은 한 번 하라

(1) 의미 : 준비는 빈틈없이, 실천은 즉시 하라.

(2) 해설 : 재단사가 옷을 재단할 때 재단은 빈틈없이 꼼꼼히 하고 그런 재단이 끝나면 바로 한 번에 가위질한다.

939. 열 번 죽었다 깨도

(1) 의미 : 도저히 불가능한 것.

940. 열 벙어리가 말해도 가만히 있거라

(1) 의미 : 누가 무슨 말을 해도 못 들은 척 가만히 있고 관여하지 말아라.

941. 열 소경이 풀어도 아니 듣는다

(1) 의미 : 자기 생각 외에 타인의 조언, 충언 등을 들으려 하지 않는 고집 센 사람을 나무라는 말.

(2) 같은 뜻의 속담

① 쇠고집 닭고집.

② 미련한 놈 가슴엔 고드름이 안 연다.

③ 고집 세기는 왕골 용골 떼.

942. 열 손가락에 어느 손가락 깨물어 아프지 않을까

(1) 의미 : 부모의 자식 사랑은 자식이 많든 적든 자식이 미운 행동

을 하든 안하든 관계없이 한결같다.

943. 열이 상투 끝까지 올랐다

(1) 의미 : 극도의 흥분.

(2) 같은 뜻의 속담

① 눈에 쌍심지를 켠다.

944. 열흘 붉은 꽃 없다

(1) 의미 : 계속되는 부귀영화는 기대하기 힘들다.

(2) 같은 뜻의 속담

① 달도 차면 기운다.

② 한 달이 크면 한 달은 작다.

③ 봄꽃도 한 때.

④ 그릇도 차면 넘친다.

945. 열흘 삶은 호박에 송곳 안 들어갈 소리

▶찾아가기 : 724. 상주 보고 제삿날 다툰다.

946. 염불에는 마음 없고 젯밥에만 마음 있다

(1) 의미 : 당연히 해야 할 일을 제쳐두고 실속 차릴 궁리만 한다.

(2) 같은 뜻의 속담

① 초상난 집에서 사람 죽은 것은 안치고 팥죽 들어오는 것만 친다.

② 친애비 장작 패는 데는 안 가도 의붓애비 떡치는 데는 간다.

(3) 연상되는 속담

① 명태 한 마리 놓고 딴전 본다.

가. 목적한 바를 숨기고 딴짓하고 있다는 뜻.

나. 목적한 것은 '딴전 보는 것' 명태 한 마리 놓는 것은 '숨기는 행위'

947. 엿장수 마음대로

▶찾아가기 : 460. 떡 주무르듯.

948. 영감 밥은 누워서 먹고 아들 밥은 앉아서 먹고 딸 밥은 서서 먹는다

(1) 의미 : 아내 기준으로 가족 관계에서 대하기 편한 순서.

(2) 해설 : 남편이 벌어다 주는 돈으로 먹고사는 게 제일 부담 없고, 아들이 벌어다 주는 것은 그다음이며 딸네 집 신세 지는 것이 제일 부담스러운 일이다.

(3) 같은 뜻의 속담

① 영감 밥은 아랫목에서 먹고 아들 밥은 윗목에서 먹고 딸 밥은 부엌에서 먹는다.

아

949. 영리한 고양이 밤눈이 어둡다

(1) 의미 : 아무리 영리해도 어떤 면에선 부족할 때가 있다.

950. 옆구리 찔러 절 받기

(1) 의미 : 상대방은 감사한 생각이 없는데 그에게 요청해서 감사하다는 인사를 받는 부끄러운 모양.

(2) 같은 뜻의 속담

① 엎드려 절 받기.

951. 옆집 처녀 믿다가 장가 못 간다

(1) 의미 : 상대방의 의사는 모르면서 자기 내키는 대로 생각하다가 낭패를 보는 모양.

(2) 같은 뜻의 속담

① 이웃집 색시 믿다가 장가 못 간다.

(3) 연상되는 속담

① 떡 줄 놈 생각도 않는데 김칫국부터 마신다.

② 너구리굴 보고 피물 돈 내 쓴다.

③ 땅벌 집 보고 꿀 돈 내 쓴다.

④ 오동나무 보고 춤춘다.

⑤ 중매 보고 기저귓감 마련한다.

952. 예수만 믿으면 천당가나 제 마음이 고와야 천당 가지

(1) 의미 : 종교생활 하면서도 언행이 바르지 못한 사람을 나무라는 속담.

953. 옛 말 그른 데 없다

(1) 의미 : 속담 등 옛 어른들이 남겨주신 글들은 모두 인생사에 귀감이 되는 지혜다.

954. 오뉴월 녹두 껍데기 같다

(1) 의미 : 신경이 예민해 쉽게 흥분하는 사람.

(2) 같은 뜻의 속담

① 콩 튀듯 팥 튀듯.

② 가랑잎에 불 붙는다.

955. 오뉴월 보리밭 파수꾼 같은 놈이다

(1) 의미 : 남의 비밀을 염탐하는 사람.

(2) 해설 : 오뉴월 보리밭은 남녀의 밀회 장소로 안성맞춤.

(3) 같은 뜻의 속담

① 호밀밭의 파수꾼.

956. 오뉴월 쇠부랄 떨어지길 기다린다

(1) 의미 : 불가능한 일을 기대하는 것.

(2) 같은 뜻의 속담
① 곤 달걀 놓고 병아리 기다린다.
② 고자 × 서기를 기다린다.
③ 백년하청을 기다린다.
(3) 成語 : 百年河淸.

957. 오뉴월 숫캐 × 자랑하듯

(1) 의미 : 별것 아닌 것을 대단한 듯 자랑하는 모양.
(2) 같은 뜻의 속담
① 당나귀 × 자랑하듯.

958. 오뉴월 짚불도 쬐다 나면 서운하다

(1) 의미 : 대수롭지 않던 것도 막상 없어지면 서운한 감정이 든다.
(2) 해설 : 오뉴월은 따뜻한 계절이기에 짚불 쬐는 것은 대수롭지 않다. 그러나 그것도 쬐다 안 쬐면 아쉬워진다.
(3) 같은 뜻의 속담
① 맞던 곤장도 안 맞으면 서운하다.
② 귀양도 가려다 못 가면 서운하다.

아

959. 오뉴월 품앗이도 먼저 하랬다

(1) 의미 : 남에게 진 빚은 기일을 따지지 말고 빨리 갚는 것이 상책이다.
(2) 해설 : 품앗이는 '육체노동'이란 상품의 물물교환으로 농촌에서 행해졌던 것이다.

960. 오라는 데는 없어도 갈 데는 많다

(1) 의미 : 반겨주는 사람은 없지만 내가 찾아가서 아쉬운 소리 해야 할 사람은 많다.
(2) 유래 : 거지의 동냥 일정이 그 유래다. 즉 돌아다녀서 구걸 해야

될 곳은 많지만 반겨주는 데는 없다.

(3) 연상되는 속담

① 관 쓴 거지는 얻어먹지 못한다.

② 입이 밥 빌어오지 밥이 입 빌어오나.

961. 오래 앉으면 새도 살 맞는다

(1) 의미 : 선망의 대상이 되는 직책에 오래 머물면 시기, 질투, 모략 등에 시달리게 된다.

(2) 해설 : 새가 한 가지에 오래 머물면 화살의 표적이 된다.

962. 오랜 원수 갚으려다 새 원수 생긴다

(1) 의미 : 원수 갚으려다 앙갚음 당하는 형태.

(2) 해설 : 원수 갚는 것을 부드러운 방법 아닌 거친 방법으로 해서 다시 원한을 사는 모양이다.

(3) 연상되는 속담

① 원수는 순으로 풀어라.

963. 오르지 못할 나무 쳐다보지도 말아라

(1) 의미 : 불가능한 일은 아예 시도하지 마라.

(2) 같은 뜻의 속담

① 따먹을 수 없는 과일 쳐다보지도 마라.

② 육두문자로 초시 하려 든다.

964. 오른손이 하는 일 왼손이 모르게 하라

(1) 의미 : 선행은 남 모르게 하라.

(2) 같은 뜻의 속담

① 베품은 잊어라 그러나 베품 받은 건 잊지 마라.

(3) 成語 : 施人盡勿念 受施盡勿忘(시인진물념 수시진물망).

965. 오초흥망이 내 알 바 아니다

(1) 의미 : 그 일엔 내가 관여할 입장이 아니니 관여 안 하련다.

(2) 해설 : 오나라와 초나라의 싸움에서 누가 이기든 나하고는 아무 상관 없으니 아무 말 안 하겠다.

966. 옥반에 진주 흐르듯

(1) 의미 : 아름다운 목소리.

967. 옥에는 티나 있지

▶찾아가기 : 598. 백미에는 뉘나 있지.

968. 옥에도 티가 있다

(1) 의미 : 나무랄 데 없어도 한두 가지 결점은 있게 마련이다.

(2) 같은 뜻의 속담

① 백미에도 뉘가 있다.

② 경주 돌이면 다 옥돌인가.

③ 강계 여자면 다 미인인가.

④ 감사면 다 평안감사고 현감이면 다 과천 현감이더냐.

⑤ 기생이면 다 평양 기생이더냐.

(3) 연상되는 속담

① 털어 먼지 안 나는 사람 없다.

② 뉘집 부엌인들 불 때 연기 안 날까.

969. 옥은 흙에 묻혀도 옥이다

(1) 의미 : 인품이 훌륭한 자는 가만히 있어도 그 훌륭함을 모두 알게 된다.

(2) 같은 뜻의 속담

① 주머니에 든 송곳이라.

② 따오기는 멱을 감지 않아도 희다.

(3) 연상되는 속담

① 기러기 날개는 물에 젖지 않는다.

② 백정이 양반 행세 해도 개가 짖는다.

970. 온양온천에 전 다리 모이듯

(1) 의미 : 사람들이 많이 모여드는 모양.

(2) 해설 : 온양온천은 피부병 치유에 좋은 효과를 볼 수 있기에 각지에서 피부병 환자들이 많이 모여든다.

(3) 같은 뜻의 속담

① 용문산에 안개 두르듯.

② 만수산에 구름 모이듯.

971. 온통으로 생긴 놈 계집 자랑 반통으로 생긴 놈 자식 자랑

(1) 의미 : 계집 자랑, 자식 자랑은 남에게 거부감을 주기 쉬우니 함부로 하지 마라.

(2) 같은 뜻의 속담

① 계집 추기는 온미친놈, 자식 추기는 반미친놈.

② 자식 자랑은 반미친놈, 계집 자랑은 온미친놈.

(3) 연상되는 속담

① 자식 자랑, 남편 자랑은 팔불출의 하나.

② 자랑 끝에 불 붙는다.

③ 자랑 끝에 쉬 슨다.

972. 옷은 새 옷이 좋고 사람은 옛 사람이 좋다

(1) 의미 : 진정한 정은 오랜 사귐으로 이루어진 정이다.

(2) 같은 뜻의 속담

① 신정(新情)이 구정(舊情)만 못하다.
② 옷은 새 옷이 좋고 님은 옛 님이 좋다.
③ 옷은 새 옷이 좋고 친구는 옛 친구가 좋다.
④ 술은 초물에 취하고 사람은 후물에 취한다.

973. 옷은 새 옷이 좋고 친구는 옛 친구가 좋다

▶찾아가기 : 973. 옷은 새 옷이 좋고 사람은 옛 사람이 좋다.

974. 옷이 날개

(1) 의미 : 차림새가 좋은 것은 그 사람의 가치 평가에 긍정적으로 작용한다.
(2) 같은 뜻의 속담
① 옷이 날개고 밥이 분이다.
② 잘 입어 못난 사람 없고 못 입어 잘난 사람 없다.
③ 입은 거지는 얻어먹어도 벗은 거지는 못 얻어먹는다.

975. 옷이 날개고 밥이 분이다

(1) 의미 : 잘 입고 잘 먹는 것이 그 사람의 가치 평가에 긍정적으로 작용한다.
▶참고 : 975. 옷이 날개.

976. 왜 알적에 안 곪았노

▶찾아가기 : 252. 나올 적에 봤으면 짚신짝으로 틀어막을걸.

977. 외삼촌 물에 빠졌나

(1) 의미 : 실없이 웃는 사람.
(2) 같은 뜻의 속담
① 날이 좋아 웃는다만 동남풍에 입술이 그슬린다.
② 허파에 바람 들었나.

아

③ 날아가는 새 ××를 보았나.
④ 개구리 ××에 털난 걸 봤나.
⑤ 선 떡 먹고 체했나.

978. 외상이면 소도 잡아 먹는다

(1) 의미 : 외상으로 물건 구입하는 것의 위험성을 경고하는 것.
(2) 해설 : 당장 내 주머니에서 돈이 안 나가는 외상이지만 그걸 즐기다가는 엄청난 고난을 초래할 수도 있으니 조심해야 한다.
(3) 같은 뜻의 속담
① 가을 빚은 소도 잡아먹는다.

979. 왼발 구르고 침 뱉는다

(1) 의미 : 어떤 일을 주도했다가 그 다음은 나 몰라라 하는 모양.

980. 우물 귀신 잡아 넣는다

▶찾아가기 : 539. 물귀신 심사

981. 우물 안 개구리

(1) 의미 : 세상 물정 보는 식견이 넓지 못하고 편협하다.
(2) 같은 뜻의 속담
① 댓구멍으로 하늘을 본다.
② 바늘구멍으로 하늘을 본다.
③ 하나만 알고 둘은 모른다.
④ 나무를 보고 숲을 못 본다.
⑤ 감출 줄 모르고 훔칠 줄만 안다.
(3) 연상되는 속담
① 앉아서 삼천리 서서 구만리.
② 하나를 보면 열을 안다.

982. 우물을 파도 한 우물을 파라

(1) 의미 : 성공하려면 한 가지 일에 매진하라.

(2) 같은 뜻의 속담

① 길도 하나 마음도 하나

② 자주 옮겨 심는 나무 크지 못한다.

③ 새는 앉는 곳마다 깃이 떨어진다.

983. 우습게 본 풀에 눈 찔린다

(1) 의미 : 함부로 사람 무시하지 마라.

(2) 같은 뜻의 속담

① 우습게 본 나무에 눈 걸린다.

② 시원찮은 국에 입천장 덴다.

③ 개미에게 하문 물렸다.

▶참고 : 59. 같잖은 국에 입천장 덴다.

아

984. 우환이 도둑

(1) 의미 : 가족 중에 고치기 힘든 병으로 장기간 들어가는 치료비용은 그 외의 다른 지출에 비할 수 없이 큰 부담이다.

985. 운봉이 내 마음을 알지

(1) 의미 : 나의 마음을 이해해 줄 사람은 따로 있다.

(2) 유래 : 춘향전에서 이도령이 급제하여 암행어사로 부임해서 춘향이 사는 고을 변사또의 생일잔치에 갔을 때 걸인으로 위장했지만, 운봉영장이란 장수는 걸인으로 위장한 이도령이 암행어사임을 금세 알아차리고 있었다.

986. 울고 싶자 매 때린다

▶찾아가기 : 16. 가던 날이 장날이다.

987. 울며 겨자 먹기

(1) 의미 : 불가피한 상황에서 마지못해 억지로 하는 행위.

(2) 같은 뜻의 속담

① 울며 먹는 씨아.

② 길이 없으니 한 길을 가고 물이 없으니 한 물을 먹는다.

③ 아쉬워 엄나무 방석.

④ 없어서 비단옷.

⑤ 싫은 춤에 지게 지고 엉덩이 춤춘다.

⑥ 중이 절이 싫으면 중이 떠나야지.

⑦ 무거운 절 떠나라 말고 가벼운 중 떠나라.

⑧ 홀아비 눈에는 미운 여자 없다.

(3) 成語 : ① 억지 춘향 ② 이판사판(理判事判)

(4) 연상되는 속담

① 친구 따라 강남 간다.

② 여럿이 가면 병든 다리도 끌려 간다.

③ 권에 못 이겨 방갓 쓴다.

988. 움도 싹도 없다

(1) 의미 : 전혀 흔적이 없다.

(2) 같은 뜻의 속담

① 꿩 구워 먹은 자리는 재나 있지.

② 죽 떠먹은 자리.

③ 한강에 배 지나간 자리.

④ 그림자도 없다.

⑤ 양푼 밑구멍은 마치 자국이나 있지.

⑥ 여물섶에 쇠뿔 박았다 뺀다고 자국 날까.

989. 움직이는 바늘에 실 꿸까

(1) 의미 : 남자의 여자에 대한 무리한 구애.
(2) 해설 : 여기에서 움직이는 바늘은 여자, 실은 남자를 가리킨다.
(3) 연상되는 속담
① 열 번 찍어 안 넘어가는 나무 없다.

990. 웃고 나오는 아이 없다

(1) 의미 : 세상사 모든 것이 처음부터 잘 되기를 바라는 것은 무리다.
(2) 같은 뜻의 속담
① 첫술에 배 부르랴.

991. 웃는 낯에 침 뱉으랴

(1) 의미 : 나쁜 감정으로 각인된 사람이라도 그 사람이 웃는 낯으로 대할 때는 그 나쁜 감정을 드러낼 수 없다.
(2) 같은 뜻의 속담
① 빌면 무쇠도 녹는다.
② 비는 장수 목 벨 수 없다.
③ 귀신도 빌면 듣는다.

992. 웃으며 한 말에 초상난다

(1) 의미 : 상대방에게 말할 때는 조심 또 조심해야 한다. 그렇지 않으면 살인사건까지 일어날 수 있다.
(2) 같은 뜻의 속담
① 혀 아래 도끼 들었다.
② 죽마고우도 말 한 마디에 갈라선다.
③ 혀 아래 죽을 말이 있다.
④ 코 아래 구멍이 무섭다.
⑤ 사람의 혀는 뼈가 없어도 뼈를 부순다.
⑥ 곰은 쓸개 때문에 죽고 사람은 혀 때문에 죽는다.

⑦ 세 치 혀가 다섯 자 몸을 망친다.

(3) 연상되는 속담

① 화살은 쏟아 놓고 주을 수 있어도 말은 해 놓고 못 줍는다.

② 칼날의 흠은 고쳐도 말 흠은 못 고친다.

③ 한 말은 3일, 들은 말은 3년 간다.

④ 관 속에 들어가도 막말은 마라.

⑤ 입 찬 말은 무덤가에 가서 하거라.

993. 원수는 순으로 풀어라

(1) 의미 : 원수를 갚으려면 부드러운 방법을 택해야 한다.

(2) 연상되는 속담

① 오랜 원수 갚으려다 새 원수 생긴다.

② 원수는 외나무다리에서 만난다.

994. 원수는 외나무다리에서 만난다

▶찾아가기 : 22. 가루 팔러 가니 바람 불고 소금 팔러 가니 비 온다.

995. 원숭이도 나무에서 떨어질 때가 있다

(1) 의미 : 누구나 실수는 있을 수 있다.

(2) 같은 뜻의 속담

① 한 번 실수는 병가의 상사.

② 일승 일패는 병가의 상사.

③ 한 입 속의 혀도 깨문다.

④ 성인도 하루에 죽을 말을 세 번 한다.

(3) 연상되는 속담

① 선 미련 후 슬기.

② 한 번 속지 두 번 안 속는다.

③ 한 번 채인 돌 다시 채이지 않는다.

996. 원앙 갈제 녹수 간다

(1) 의미 : 밀접한 관계에서 행동을 같이 한다.

(2) 같은 뜻의 속담

① 바늘 가는 데 실 간다.

② 바람 가는 데 구름 간다.

③ 봉 가는 데 황 간다.

④ 색시 가마에 강아지 따라간다.

997. 윗물이 맑아야 아랫물이 맑다

(1) 의미 : 윗사람의 언행이 훌륭하면 아랫사람도 그 훌륭함을 따르게 된다.

(2) 같은 뜻의 속담

① 윗물이 흐리면 아랫물도 흐리다.

② 부모가 착해야 효자 난다.

998. 윷 짝 가르듯

(1) 의미 : 판단이 올바르고 명확하다.

(2) 같은 뜻의 속담

① 흑백을 가린다.

999. 은행나무 격

(1) 의미 : 서로 사랑하면서도 뜨거운 사랑을 구가하지 못하고 있는 모양.

(2) 연상되는 속담

① 늙은이 사랑은 꺼풀 사랑

1000. 음덕이 있으면 양보가 있다

(1) 의미 : 남모르게 선행을 베푼 사람은 반드시 복 받게 된다.

아

1001. 음식 싫은 건 개나 주지 사람 싫은 건 할 수 없다

▶찾아가기 : 415, 된장 쓴 것은 일 년 원수, 아내 나쁜 건 백 년 원수

1002. 음식은 갈수록 줄고 말은 갈수록 보탠다

(1) 의미 : 말은 전해지는 단계마다 과장되게 마련이니 극구 조심해야 한다.

1003. 음식은 입으로 들어가고 화는 입에서 나온다

(1) 의미 : 인간관계에서의 모든 화는 말을 잘 못하는 데서부터 시작되는 것이다.

(2) 같은 뜻의 속담

① 새끼는 ××에서 나오고 세상만사는 입에서 나온다.

1004. 의가 없는 부부 맞지 않는 신발과 같다

(1) 의미 : 서로 믿을 수 없는 부부는 부부관계가 계속되기 힘들다.

1005. 의가 좋으면 천하도 반분한다

(1) 의미 : 의가 좋은 사이면 무엇이든 나눌 수 있다.

1006. 의붓아들 소 팔러 보낸 것 같다

(1) 의미 : 안심이 안돼 불안한 마음.

(2) 해설 : 내 아들에게 소 팔아 오라고 시켰다면 안심이 되겠지만 의붓아들에게 시켰다면 안심이 되지 않는 것이 당연하다.

(3) 같은 뜻의 속담

① 풀섶에 앉은 새의 마음.

② 알은 두고 온 새의 마음.

③ 우물가에 애 두고 온 에미 마음.

④ 오리 홰 탄 것 같다.

⑤ 범벅에 꽂은 숟가락 같다.

1007. 의심 가면 쓰지 말고 쓰는 사람 의심하지 마라

(1) 의미 : 채용할 땐 심사숙고하고, 채용하고 나면 맡겨라.

1008. 의주 가려는데 신날도 안 꼬았다

(1) 의미 : 준비가 미흡하다.

(2) 해설 : 한양(서울)에서 의주는 꽤나 먼 거리이다. 그 거리를 갈 때 신고가야 할 신날도 준비를 하지 않고 있다.

1009. 이렇게 좋은 일은 시에미 죽고 나서 처음이다

(1) 의미 : 시어머니의 며느리에 대한 고된 시집살이 때문에 며느리가 시어머니에 대해 가지고 있었던 솔직한 심정.

(2) 해설 : 오늘 아주 좋은 일이 생겼는데 시어머니 죽고 나서 처음 생긴 좋은 일이다.

(3) 같은 뜻의 속담

① 살다 보면 시에미 죽는 날도 있다.

1010. 이름도 성도 모른다

(1) 의미 : 그 사람 일면식도 없는 전혀 모르는 사람이다.

1011. 이마를 찔러도 피 한 방울 안 난다

(1) 의미 : 극도로 인색한 사람.

(2) 같은 뜻의 속담

① 감기 고뿔도 남 안 준다.

② 나그네 보내 놓고 점심 한다.

③ 흥부집 제비새끼만도 못하다.

④ 곱슬머리 옥니배기하고는 말도 말랬다.

(3) 연상되는 속담

① 두견이 목에서 피 내어 먹듯.

1012. 이불 밑에 엿을 붙여 두었나

▶찾아가기 : 791. 솥뚜껑에 엿을 붙이고 왔나.

1013. 이불 속에서 하는 일도 안다

(1) 의미 : 남녀 간의 비밀스러움도 탄로나고야 만다.

(2) 같은 뜻의 속담

① 하늘이 알고 땅이 알고 네가 알고 내가 안다.

1014. 이쁜 도둑

(1) 의미 : 딸 사랑

(2) 해설 : 딸에 대한 사랑은 키울 때나 출가한 후나 변함 없다.

(3) 같은 뜻의 속담

① 딸은 이쁜 도둑

1015. 이 없으면 잇몸으로 산다

(1) 의미 : 차선책.

(2) 같은 뜻의 속담

① 꿩 대신 닭이다.

(3) 연상되는 속담

① 진달래 지면 철쭉 보랬다.

② 시집살이 못하면 본가살이 한다.

1016. 이왕 버린 몸

▶찾아가기 : 435. 드러난 쌍놈이 울 막고 사랴.

1017. 이 장 떡이 큰가 저 장 떡이 큰가

▶찾아가기 : 426. 두 손에 떡.

1018. 이 절도 못 믿고 저 절도 못 믿는다

(1) 의미 : 믿을 데가 없다.

(2) 같은 뜻의 속담

① 윗돌도 못 믿고 아랫돌도 못 믿는다.

② 윗길도 못 믿고 아랫길도 못 믿는다.

③ 제 그림자도 못 믿는다.

(3) 연상되는 속담

① 가을 날씨 좋은 것과 노인 건강은 믿을 수가 없다.

② 바다 고운 것과 여자 고운 것은 믿을 수가 없다.

아

1019. 이제 보니 수원 나그네

(1) 의미 : 반갑지 않은 사람을 우연히 만났을 때 못 본 체하려다 눈 마주쳐 마지못해 인사조로 건네는 말.

(2) 해설 : 지방에서 서울 오자면 거쳐야 하는 곳이 수원이었고 그래서 수원은 여러 사람들의 만남이 잦았던 곳이다.

(3) 연상되는 속담

① 다시 보니 수원 나그네

※반가운 사람 우연히 만났을 때 반가워서 건네는 말.

1020. 이판사판(理判事判)이다

(1) 의미 : ① 다른 방법이 없어 마지막으로 선택하는 직업.

② 진정한 고수

(2) 해설 : 이조시대에는 유교를 권장하고 불교를 배척했기에 승려가 되는 것은 막다른 선택이었고, 승려는 교리 담당의 이판승과 살림 담당의 사판승이 있다. 그러므로 이판사

판의 의미는 마지막으로 선택하는 직업이라는 뜻과 그 방면에 정통한 고수로서의 의미의 양면성을 갖고 있으나 현재는 정통한 고수의 의미는 가려지고 마지막 선택하는 직업이라는 의미로 통용되고 있다.

※참조 : 이동규의 두 줄 칼럼(조선일보 2023.9.1)
'이론을 무시하면 무식하다. 현실을 모르면 바보다.'

1021. 이 핑계 저 핑계 도라지 캐러 간다

(1) 의미 : 여자가 그리운 님 만나기 위해 그럴듯한 핑계를 대는 모양.

(2) 해설 : 도라지는 여자가 만나려 하는 남자를 상징적으로 표현한 것이다.

1022. 익은 감도 떨어지고 선 감도 떨어진다

(1) 의미 : 사람은 영생할 수 없는 것. 언젠가 생을 마감해야 하는 것은 인간의 숙명이다.

(2) 연상되는 속담

① 나이 이길 장사 없다.

② 가는 세월 오는 백발.

1023. 익은 밥 먹고 선 소리

▶찾아가기 : 724. 상주 보고 제삿날 다툰다.

1024. 인간만사 새옹지마

▶찾아가기 : 755. 세상사 새옹지마

1025. 인삼 녹용도 배부른 뒤에나 약이 된다

(1) 의미 : 음식에 의한 건강관리가 기본이다.

(2) 같은 뜻의 속담

① 밥이 약보다 낫다.
② 밥알 한 알이 귀신 천 마리를 쫓는다.
(3) 성어 : 약식동원(藥食同原).

1026. 인생은 뿌리 없는 부평초

(1) 의미 : 허무한 인생 여정.
(2) 해설 : 인생살이 뿌리 없는 부평초 같이 여기저기 떠돌다 가는 게 인생이다.
(3) 연상되는 속담
① 인생 백 년에 고락이 상반이라.
② 백 년을 다 살아도 삼만 육천오백 일.

1027. 인왕산 모르는 호랑이가 있나

(1) 의미 : 어떤 사람이 자기의 존재 가치를 몰라보는 사람에 대해 "나를 몰라?" 하며 서운한 감정을 표시하는 것.
(2) 해설 : 한국의 호랑이들은 모두 인왕산을 한 번 이상 다 다녀갔었다.

1028. 인왕산 차돌을 먹기로 사돈의 밥 먹으랴

(1) 의미 : 사돈에게 신세지는 것은 퍽이나 자존심 상하는 것.
(2) 같은 뜻의 속담
① 겉보리 서 말만 있으면 처가살이 안 한다.

1029. 일각이 삼추 같다

(1) 의미 : 애타게 기다리는 마음.
(2) 해설 : 일각은 15분. 삼추는 3년 즉 15분이 3년처럼 지루하게 느껴진다는 표현으로 어떤 만남 등이 애타게 기다려지는 것을 뜻한다.
(3) 같은 뜻의 속담

① 눈 빠지게 기다린다.
② 독수공방에서 정든 님 기다리듯.
③ 독수공방에서 유정 낭군 기다리듯.
▶찾아가기 : 331. 눈 빠지게 기다린다.

1030. 일구이언은 이부지자(二父之子)다

(1) 의미 : 말과 행동이 다른 사람을 나무라는 말.
(2) 해설 : 한 입으로 두말한다. 즉 말을 이랬다저랬다 한다.
(3) 같은 뜻의 속담
① 입술에 침이 마르기도 전에 돌아앉는다.
② 한 입으로 두말하지 마라.
(4) 연상되는 속담
① 입술에 침이나 바르지.
② 입술에 침도 마르기 전이다.
③ 혓바닥에 침이나 묻혀라.(천연덕스러운 거짓말)

1031. 일 다 하고 죽은 무덤 없다

(1) 의미 : 한평생 내가 꼭 하고 싶은 일은 한도 끝도 없다.
(2) 연상되는 속담
① 말 다 하고 죽은 귀신 없다.
② 말 다 하고 죽은 무덤 없다.
※내키는 대로 말 다 하고 죽은 사람 없음을 명심하고 남에게 막말은 하지 마라.
③ 무덤가에 가서도 막말은 마라.
④ 입 찬 말은 무덤가에 가서 하라.
▶찾아가기 : 484. 말 다 하고 죽은 귀신 없다.

1032. 일색 소박은 있어도 박색 소박은 없다

(1) 의미 : 미모의 여자가 시집에서 소박당하는(외면당하는) 일은 있

을지언정 못생긴 여자가 시집에서 소박당하는 일은 없다.

(2) 해설 : 잘 생긴 여자는 얼굴값 하느라 시집에서 해야 할 도리를 제대로 하지 않아 시집에서 미움받기 쉬우나, 못생긴 여자는 시집에서 해야 할 도리를 찾아서 알뜰히 하기에 미움받지 않는다.

1033. 일하기 싫은 놈 밭고랑만 센다

(1) 의미 : 게으르고 일하기 싫은 놈이 핑계 대는 행태.

(2) 같은 뜻의 속담

① 풀 베기 싫은 놈 풀 단수만 센다.

② 게으른 선비 책장만 넘긴다.

③ 게으른 년 삼가래만 센다.

아

1034. 잃은 도끼는 쇠나 좋더니

(1) 의미 : 아내를 잃은 남편이 다시 장가갔을 때 새로 얻은 아내가 전 아내만 못한 모양.

(2) 같은 뜻의 속담

① 구관이 명관.

(3) 연상되는 속담

① 잃은 도끼나 얻은 도끼나.

② 그놈이 그놈.

1035. 임도 보고 뽕도 따고

▶찾아가기 : 239. 꿩 먹고 알 먹고 깃대 뽑아 등 쑤시고 덤불로 군불 때고 그 불에 밥 한다.

1036. 입술에 침도 마르기 전이다

(1) 의미 : 다짐이나 약속을 하고 곧 그것과 어긋나는 행동을 한다.

1037. 입술에 침이라도 발라라

(1) 의미 : 천연덕스런 거짓말.

(2) 같은 뜻의 속담

① 혓바닥에 침이나 묻혀라.

1038. 입 씻는다

(1) 의미 : 그 사실 전혀 모르는 체한다.

(2) 같은 뜻의 속담

① 떡 먹은 입 쓸어치듯.

1039. 입에 맞는 떡

(1) 의미 : 마음에 흡족하게 딱 드는 모양.

(2) 같은 뜻의 속담

① 산 좋고 물 좋고 정자 좋다.

② 옥에는 티나 있지.

③ 백미에는 뉘나 있지.

④ 봉산 참배는 물이나 있지.

⑤ 비단결 같다.

1040. 입에서 신물이 난다

(1) 의미 : 두 번 다시 대하기 싫을 정도로 지긋지긋하다.

1041. 입은 비뚤어졌어도 말은 바로 해라

(1) 의미 : 어떤 상황에서라도 올바른 말을 해야 한다.

1042. 입이 광주리만 해도 그런 소리 못한다

(1) 의미 : 잘못한 증거가 명백한 상황에선 무슨 변명을 해도 소용이 없다.

(2) 같은 뜻의 속담

① 온몸이 입이라도 말 못 한다.

② 입이 열둘이라도 말 못 한다.

1043. 입이 열이라도 할 말이 없다

(1) 의미 : 잘못한 사람이 자기의 잘못을 반성하는 모양.

1044. 입 찬 말은 무덤가에 가서 하거라

(1) 의미 : 자기 자랑, 장담은 함부로 하는 게 아니다.

(2) 같은 뜻의 속담

① 입 찬 말은 묘 앞에 가서 하라.

1045. 입추의 여지도 없다

(1) 의미 : 빈틈이 없을 정도로 사람들이 꽉 들어찼다.

(2) 같은 뜻의 속담

① 송곳 꽂을 땅도 없다.

② 벼룩 꿇어앉을 땅도 없다.

③ 사람으로 콩나물을 길렀다.

1046. 입춘을 거꾸로 붙였나

(1) 의미 : 쌀쌀한 봄날씨.

(자)

1047. 자가사리가 용을 건드린다

(1) 의미 : 무모한 도전.

(2) 같은 뜻의 속담

① 하룻강아지 범 무서운 줄 모른다.

② 달걀로 바위 치기.

③ 왕개미가 정자나무 흔든다.

④ 대부동에 곁낫질한다.(※대부동은 아름들이 재목)

1048. 자식과 불알은 짐스러운 줄 모른다

(1) 의미 : 자식이 아무리 많아도 내심 귀찮게 생각하는 부모 없다.

1049. 자식도 품 안에 있을 때 내 자식이다

(1) 의미 : 자식을 부모의 뜻대로 키울 수 있지만 장성하면 부모의 뜻대로만 자식이 다루어지지 않는다.

(2) 같은 뜻의 속담

① 자식도 크면 상전 된다.

② 자식은 장가가기 전까지가 내 자식이다.

③ 자식도 장가 가면 사촌이 된다.

1050. 자식 떼고 돌아서는 에미는 발자국마다 피가 괸다

(1) 의미 : 자식 뗀 에미의 처절한 슬픔.

(2) 연상되는 속담

① 청상과부의 울음소리는 산천초목도 울린다.

1051. 자식 많은 에미 허리 펼 날 없다

▶찾아가기 : 726. 새끼 많은 소 길마 벗을 날 없다.

1052. 자식 보기에 애비만 한 눈 없다

(1) 의미 : 자식의 일거수 일투족 모든 것을 가장 잘 알 수 있는 사람은 아버지이다.

1053. 자식 웃기기는 어려워도 부모 웃기기는 쉽다

(1) 의미 : 자식들의 모든 요구를 다 만족시켜 주는 것은 힘들지만 부모들은 자식들의 조그만 성의도 기특하게 생각한다.

1054. 자식이 과년하면 부모가 반 중매쟁이가 된다

(1) 의미 : 과년한 자식을 둔 부모의 애타는 심정.

(2) 같은 뜻의 속담

① 자식이 과년하면 이웃집 노인장하고도 댄다.

(3) 연상되는 속담

① 자식이 과년하면 경상도 도투리도 굴러든다.

1055. 자식 자랑은 반 미친놈, 계집 자랑은 온 미친놈

▶찾아가기 : 972. 온통으로 생긴 놈 계집 자랑 반통으로 생긴 놈 자식 자랑.

1056. 작년이 옛날이다

(1) 의미 : 빠르게 흘러가는 세월.

1057. 작은 부자는 노력이 만들고 큰 부자는 하늘이 만든다

(1) 의미 : 부자가 되려면 우선 부지런히 노력해야 한다.
(2) 같은 뜻의 속담
① 부지런한 부자는 하늘도 못 막는다.
② 게으름과 거지는 사촌이다.

1058. 잔치집에는 같이 못 가겠다

(1) 의미 : 남의 험담하기 좋아하는 자를 나무라는 것.
(2) 해설 : 잔치집은 여러 사람이 모이게 되는 곳인데 그런 곳에선 남의 험담을 안주 삼아 즐기는 자가 많게 된다.

1059. 잘 싸우는 장수에게는 내버릴 병사 없고 글 잘 쓰는 사람에게는 내버릴 글자 없다

(1) 의미 : 유능한 사람은 아무리 보잘 것 없는 것이라도 얼마든지 유용하게 쓰는 지혜가 있다.
(2) 같은 뜻의 속담
① 사람과 쪽박은 있는 대로 다 쓴다.
② 개천에 내다 버릴 종 없다.

자

1060. 잘 춘다 잘 춘다 하니까 시애비 앞에서 속곳 벗고 춤 춘다

(1) 의미 : 칭찬에 고무되어 엉뚱한 행태를 취하는 모양.
(2) 같은 뜻의 속담
① 잘 춘다 잘 춘다 하니까 지게 지고 엉덩이 춤 춘다.
② 농사 물정 안다니까 피는 나락 회기 뺀다.

1061. 장거리 수염 난 건 다 네 할배냐

(1) 의미 : 허풍 떠는 놈 나무라는 것.

1062. 장구 치는 놈 따로 있고 고개 까딱하는 놈 따로 있나

(1) 의미 : 저 혼자 할 수 있는 일 남보고 같이 하자고 할 때 '너 혼자 다 할 수 있는 일을 왜 남보고 같이 하자 하느냐' 하고 나무라는 말.

1063. 장난하는 것은 과부집 숫고양이

(1) 의미 : 과부집에서 과부가 의심받는 모양.
(2) 해설 : 과부집에서 숫고양이의 울음소리를 이웃에서 들을 때 과부의 감창소리로 들린다.

1064. 장님이 더듬어 봐도 알 노릇

(1) 의미 : 명백한 사실이다.
(2) 같은 뜻의 속담
① 뇌성벽력은 귀머거리도 듣는다.
② 청천백일은 장님도 본다.
③ 변호사가 말 모자라 말 못하랴.
④ 두말하면 잔소리.
⑤ 두말하면 숨차지.
⑥ 두 번 물어보면 편지 문안이지.
⑦ 똥인지 된장인지 꼭 찍어봐야 아느냐.
⑧ 한강 물을 다 먹어야 짠지 아느냐.

▶찾아가기 : 422. 두말하면 잔소리.

1065. 장님 코끼리 만지는 격

(1) 의미 : 일부만 보고 그것이 전체인 것으로 착각하는 모양.
(2) 같은 뜻의 속담
① 수박 겉핥기.
※대충 알았어도 핵심적 내용은 모르고 있다.

1066. 장 단 집엔 가도 말 단 집엔 가지 마라

(1) 의미 : 감언이설에 속지 마라.

(2) 같은 뜻의 속담

① 향기 나는 미끼 아래 반드시 죽는 고기 있다.

1067. 장닭이 울어야 날이 새지

(1) 의미 : 집안일 처리에는 남편의 주도권이 중요하다.

1068. 장마도깨비 여울 건너가는 소리

▶찾아가기 : 665. 비 맞은 중 담 모퉁이 돌아가는 소리.

1069. 장마 뒤 외 자라듯

(1) 의미 : 무럭무럭 잘 자라는 모양.

1070. 장모는 사위가 곰보라도 예뻐하고 시아버지는 며느리가 빼드렁니에 애꾸라도 예뻐한다

(1) 의미 : 장모, 시아버지의 극진한 사위, 며느리 사랑.

1071. 장수 목 베는 칼은 있어도 윤기 베는 칼은 없다

(1) 의미 : 인륜, 천륜은 그 누구도 끊을 수 없다.

(2) 같은 뜻의 속담

① 내 부모 싫다고 남의 부모 내 부모 할까.

② 근원 벨 칼 없고 근심 없앨 묘약 없다.

1072. 재미나는 골에 범 난다

(1) 의미 : 즐기되 거기 빠지지는 마라.

(2) 해설 : 골은 깊은 곳. 그래서 재미 보기 좋은 곳이지만 계속 재미를 보다가는 들키고 만다.

(3) 같은 뜻의 속담

① 신선 노름에 도끼 자루 썩는 줄 모른다.

② 한 노래로 긴 밤 새울까.

③ 새도 오래 앉으면 살 맞는다.

④ 술은 먹되 술에 먹히진 마라.

(4) 성어(成語) : 낙이불음(樂而不淫).

1073. 재수 없는 과부 봉놋방에 가 누어도 고자 곁에 눕는다

▶찾아가기 : 16. 가던 날이 장날이다.

1074. 재수 좋은 과부는 앉아도 요강 꼭지에 앉는다

▶찾아가기 : 16. 가던 날이 장날이다.

1075. 재주는 곰이 넘고 돈은 호인이 받아 간다

(1) 의미 : 수고하는 자 따로, 댓가 받는 자 따로.

(2) 같은 뜻의 속담

① 뛰기는 역마가, 먹기는 파발꾼이.

② 고양 밥 먹고 양주 구실.

(3) 연상되는 속담

① 죽 쒀 개 좋은 일.

② 빚내 장가가고 동네 머슴 좋은 일.

③ 산전 일궈 고라니 좋은 일.

1076. 재주를 다 배우니 눈이 어둡다

(1) 의미 : 오랫동안 애쓴 것이 마가 끼어 허사가 된 모양.

(2) 같은 뜻의 속담

① 모처럼 태수 되니 턱 떨어진다.

② 모처럼 능참봉하니 한 달에 거동이 스물아홉 번

③ 난리난 해 과거 했다.

1077. 저렇게 급하면 왜 외조할미 속으로 안 나왔어

(1) 의미 : 성미가 급한 사람 나무라는 것.

(2) 해설 : 그렇게 급했으면 아예 어머니 전에 외할머니에게서 태어나지 그랬어.

(3) 같은 뜻의 속담

① 우물에 가서 숭늉 찾겠다.

② 콩마당에서 서슬 치겠다.

③ 콩밭에서 서슬 치겠다.

※서슬은 두부 만들 때 쓰이는 간수를 말한다.

(4) 연상되는 속담

① 가랑잎에 불 붙는다.

② 오뉴월 녹두 껍데기 튀듯.

③ 콩 튀듯 팥 튀듯.

자

1078. 저승길과 변소길은 대신 못 간다

(1) 의미 : 내가 책임질 건 내가 책임져야 한다.

(2) 같은 뜻의 속담

① 제 죄 남 못 준다.

② 물은 트는 데로 가고 죄는 지은 데로 간다.

1079. 적게 먹으면 약주 많이 먹으면 망주

(1) 의미 : 음주는 적게.

1080. 전당 잡은 촛대요 꾸어다 놓은 보릿자루라

(1) 의미 : 재미 위주 모임에서 어울리지 않고 혼자 있는 모양.

(2) 같은 뜻의 속담

① 벙어리 삼신이다.

※삼신은 부처님이 변장해서 세 가지 모습으로 세상에 나타나는 것.

(3) 연상되는 속담

① 새도 염불을 하고 쥐도 방귀를 뀐다.

② 참깨 들깨 다 노는데 아주까리 못 놀까.

③ 낙동강 오리알 신세.

④ 개 밥에 도토리 신세.

1081. 절하고 뺨 맞는 일 없다

(1) 의미 : 공손하고 겸손한 태도에 욕할 사람 없다.

(2) 같은 뜻의 속담

① 웃는 낯에 침 못 뱉는다.

1082. 젊은이 망령은 홍두깨로 고치고 늙은이 망령은 곰국으로 고친다

(1) 의미 : 젊은 사람이 잘못하면 따끔하게 질책하고 노인의 그른 행동은 기력쇠진으로 인한 것으로 본다.

(2) 연상되는 속담

① 젊은 사람 잘못은 철없다 치고 노인 잘못은 노망으로 친다.

1083. 점심 밥 싸가지고 다니며 말린다

(1) 의미 : 적극적으로 말린다.

1084. 점잖은 개 부뚜막에 먼저 오른다

(1) 의미 : 점잖은 체하는 사람을 나무라는 말.

(2) 같은 뜻의 속담

① 얌전한 며느리 시아버지 밥상에 마주 앉는다.

(3) 연상되는 속담

① 부처님 궐이 나면 대신 서겠다.

1085. 정강이가 맏아들보다 낫다

(1) 의미 : 노쇠할 때 자식의 보살핌을 받는 것보다 건강해서 자유롭게 활동하는 것이 훨씬 낫다.

(2) 연상되는 속담

① 달 밝은 밤이 흐린 낮만 못하다.

1086. 정들면 고향

(1) 의미 : 고향을 그리워하는 사람에게 위로조로 던지는 덕담.

(2) 연상되는 속담

① 가까운 이웃이 먼 친척보다 낫다.

1087. 정들었다고 정담 마라

(1) 의미 : 아무리 친한 사이라도 말을 함부로 하지 마라.

(2) 같은 뜻의 속담

① 죽마고우도 말 한마디로 돌아선다.

② 정에서 노염 난다.

③ 친한 사이에도 담을 쌓으랬다.

(3) 연상되는 속담

① 웃으며 한 말에 초상난다.

② 혀 아래 도끼 들었다.

③ 한 말은 삼 일, 들은 말은 삼 년 간다.

④ 칼날의 흠은 고쳐도 말 흠은 못 고친다.

⑤ 굿했다고 안심 마라.

⑥ 묻은 불이 일어난다.

⑦ 믿는 도끼에 발등 찍힌다.

⑧ 십 리 밖에도 눈 찌를 막대가 있다.

1088. 정성만 있으면 한식에도 세배 간다

(1) 의미 : 정성이란 것의 진정한 뜻을 말한 속담.

(2) 같은 뜻의 속담

① 정성이 지극하면 돌 위에도 풀 난다.

1089. 정에서 노염 난다

▶찾아가기 : 1088. 정들었다고 정담 마라.

1090. 젓가락과 ×은 빳빳할수록 좋다

(1) 의미 : 남성의 정력을 강조하는 속담.

1091. 젖 먹던 힘까지 다 낸다

(1) 의미 : 온갖 노력을 다한다.

1092. 제가 춤추고 싶어 동서 권한다

(1) 의미 : 자기가 하고 싶은 것을 우선 남에게 권함으로써 속으로 원하는 것을 성취하는 모양.

(2) 같은 뜻의 속담

① 동서 춤추게.

② 내 일 바빠 한댁 방아.

(3) 연상되는 속담

① 참깨 들깨 다 노는데 아주까리 못 놀까.

② 새도 염불을 하고 쥐도 방귀를 뀐다.

1093. 제 것 주고 뺨 맞는다

(1) 의미 : 좋은 일 해 주고 욕먹는다.

(2) 같은 뜻의 속담

① × 주고 뺨 맞는다.

② 빚 주고 빰 맞는다.
③ 술 받아주고 빰 맞는다.

1094. 제 그림자도 못 믿는다

▶찾아가기 : 1019. 이 절도 못 믿고 저 절도 못 믿는다.

1095. 제 눈에 안경이다

(1) 의미 : 모든 사람이 다 좋지 않게 인식하는 것을 혼자만 좋게 인식하는 것.
(2) 연상되는 속담
① 눈이 삐었지.

1096. 제때 한 수는 때늦은 백 수보다 낫다

(1) 의미 : 적시 기회 포착의 중요성을 강조하는 것.
(2) 해설 : 바둑에서 때맞춰 꼭 놓을 곳에 착점함의 가치는 다른 어떤 착점도 따라갈 수 없다.

자

1097. 제 배 부르면 남의 밥 짓지 말라 한다

(1) 의미 : 극도로 고약한 심사.
(2) 같은 뜻의 속담
① 제 배 부르면 종의 밥 짓지 마라 한다.

1098. 제 버릇 개 못 준다

▶찾아가기 : 751. 세 살 적 버릇 여든까지 간다.

1199. 제 살로 제 때우기

▶찾아가기 : 5. 가난 구제는 나라도 못 한다.

1100. 제수 치는 매는 없어도 아지매 때리는 몽둥이는 있다

(1) 의미 : 제수와 아주버니는 어려운 관계. 형수와 시동생은 막역한 관계.

1101. 제수 흥정에 삼색 실과

(1) 의미 : 거기에 꼭 있어야 하는 필수품.

(2) 해설 : 제사상 차리는 데 사과, 배, 감은 꼭 있어야 한다.

(3) 같은 뜻의 속담

① 약방의 감초.

② 편지에 문안 글귀.

(4) 연상되는 속담

① 열 손에 한 지레.

② 열 소경에 한 막대.

1102. 제 에미 시집오는 것 보았다는 놈과 같다

▶찾아가기 : 724. 상주 보고 제삿날 다툰다.

1103. 제자 보기에 스승만 한 눈 없다

(1) 의미 : 제자 보는 지혜는 스승만 한 사람 없다.

(2) 같은 뜻의 속담

① 자식 보기에 애비만 한 눈 없다.

1104. 제 절 부처는 제가 위하랬다

(1) 의미 : 내 소관 사항은 내가 책임져야 한다.

1105. 제 칼도 남의 칼집에 들면 찾기 어렵다

(1) 의미 : 외도하는 남편을 둔 아내의 고충.

(2) 해설 : 아내 몰래 감쪽같이 외도하는 남자의 행태를 어찌 알겠는가.

(3) 연상되는 속담

① 만만한 년은 제 서방도 못 데리고 산다.

1106. 조개껍질은 녹슬지 않는다

▶찾아가기 : 112. 고니의 날개는 물에 젖지 않는다.

1107. 조개 황새 싸움에 어부가 이득 본다

(1) 의미 : 양자 싸움에 제삼자가 이득을 본다.

(2) 해설 : 황새가 조개를 물었다. 조개도 동시에 황새를 물었다. 황새와 조개는 둘 다 꼼짝 못하고 있다. 이것을 본 어부가 황새와 조개를 다 차지한다.

(3) 같은 뜻의 속담

① 시앗 싸움에 요강 장수.

(3) 연상되는 속담

① 고래 싸움에 새우 등 터진다.

※양자의 싸움에 제삼자가 손해를 본다.

자

1108. 조기 배에는 같이 못 가리라

(1) 의미 : 떠들기 좋아하는 사람을 나무라는 말.

(2) 해설 : 조기는 조용해야 잡히지 시끄러우면 다 도망간다.

1109. 조상 박대하면 삼 년에 망하고 일꾼 박대하면 당일에 망한다

(1) 의미 : 조상을 잘 모셔야 되고 아랫사람은 잘 돌봐야 한다.

1110. 조청에 찰떡궁합

(1) 의미 : 딱 들어맞는 궁합.

(2) 같은 뜻의 속담

① 풋고추에 된장 궁합.

② 오뉴월 풋고추에 가을 피조개 궁합.

1111. 좁쌀 만큼 보면 담돌 만큼 늘어놓는다

▶찾아가기 : 564. 바늘 끝만 한 일 보면 쇠공이 만큼 늘어놓는다.

1112. 종가가 망해도 향로 향합은 남는다

▶찾아가기 : 267. 남산골 생원이 망해도 걸음 걷는 보수 하나는 남는다.

1113. 종과 상전은 한솥밥이나 먹지

(1) 의미 : 차별대우 받는 자의 불만

(2) 같은 뜻의 속담

① 닷 돈 추렴에 두 돈 반 내었나.

② 사람 위에 사람 없고 사람 아래 사람 없다.

1114. 종로에서 뺨 맞고 한강 가서 눈 흘긴다

▶찾아가기 : 818. 시에미 노여움에 개 배때기 찬다.

1115. ×도 모르는 게 면장질 한다

▶찾아가기 : 893. 알아야 면장을 한다.

1116. ×도 모르면서 송이버섯 따러 간다

(1) 의미 : 남성의 속성을 제대로 알지 못하면서 연애하겠다는 것.

(2) 해설 : ×은 남성의 성기. 송이버섯은 남성의 성기와 생김새가 유사하다.

(3) 같은 뜻의 속담

① ×도 모르면서 송이 장사 한다.

1117. ×도 모르면서 송이 장사 한다

▶찾아가기 : 1114. ×도 모르면서 송이버섯 따러 간다.

1118. ×으로 뭉개도 그보단 낫겠다

(1) 의미 : 일 해 놓은 꼬락서니 보니 가관이다.

1119. ×으로 밤송이를 까라면 깐다

▶찾아가기 : 924. 여울물로 소금섬을 끌라면 끈다.

1120. 좋은 일엔 남이요 궂은 일엔 일가라

(1) 의미 : 이기적인 행태.

(2) 해설 : 내가 아쉽지 않고 풍족할 때는 상대방을 남 같이 대하고, 내가 아쉽고 도움이 필요할 때는 그를 나와 친근한 관계라 한다.

1121. 죄는 지은 데로 덕은 닦은 데로 간다

▶찾아가기 : 380. 덕은 닦은 데로 가고 죄은 지은 데로 간다.

1122. 죄 지은 놈 옆에 있다 벼락 맞는다

▶찾아가기 : 520. 모진 놈 옆에 있다 벼락 맞는다.

1123. 주례사와 미니스커트는 짧을수록 좋다

(1) 의미 : 주례사는 길면 짜증스럽다. 간단히 요점만 하는 것이 최선이다.

1124. 주리 참듯 한다

(1) 의미 : 견디기 힘든 고통을 참고 견딘다.

1125. 주머니가 가벼워지면 마음은 무거워진다

(1) 의미 : 가진 게 없으면 심신이 괴롭다.

자

(2) 같은 뜻의 속담

① 가진 게 없으면 망건 꼴이 나쁘다.

1126. 주머니 돈이 쌈짓돈

(1) 의미 : 네 것 내 것이 아닌 우리 것이다.

(2) 같은 뜻의 속담

① 중의 양식이 절의 양식.

② 시에미 속옷이나 며느리 속옷이나.

1127. 주머니에 들어간 송곳이라

▶찾아가기 : 842. 싸고 싼 사향도 냄새 난다.

1128. 주머니에서 물건 취어내듯

(1) 의미 : 수월한 일처리.

(2) 연상되는 속담

① 게 제구멍 드나들 듯.

② 제집 드나들 듯.

1129. 주먹구구식

(1) 의미 : 대충 대충의 일처리.

1130. 주제에 수캐라고 다리 들고 오줌 눈다

(1) 의미 : 못난 자가 잘난 체하는 모양.

(2) 같은 뜻의 속담

① 꼴에 수캐라고 다리 들고 오줌 눈다.

② 병신이 육갑한다.

1131. 죽도 밥도 안 되었다

(1) 의미 : 여러모로 시도했지만 된 게 아무것도 없다.

1132. 죽마고우도 말 한마디에 갈라선다

▶찾아가기 : 993. 웃으며 한 말에 초상난다.

1133. 죽 쑤어 개 좋은 일

▶찾아가기 : 671. 빚내 장가가고 동네 머슴 좋은 일.

1134. 죽은 놈의 콧김 만도 못하다

▶찾아가기 : 56. 강원도 삼척이라.

1135. 죽은 사람 소원도 풀어준다는데 산 사람 소원 못 풀어 주랴

(1) 의미 : 그 정도의 소원 내가 못 풀어주겠느냐.

(2) 같은 뜻의 속담

① 무당 빌어 넋두리로 하는데 산 사람 소원 못 풀어주랴.

자

1136. 죽은 자식 부랄 만지기

(1) 의미 : 돌이킬 수 없는 것에 너무 슬퍼하지 마라.

(2) 같은 뜻의 속담

① 죽은 자식 나이 세기.

② 죽은 자식 눈 열어보기.

1137. 죽을 때까지 배워도 다 못 배운다

(1) 의미 : 배움에는 한도 끝도 없다.

1138. 죽이 끓는지 밥이 끓는지

(1) 의미 : 어떤 일에 관심을 둬야 할 사람이 무관심한 태도를 보일 때 답답하여 하는 말.

1139. 죽이 되든 밥이 되든

(1) 의미 : 어떻게 되든지 간에 일단 시작해 놓고 보자.

(2) 같은 뜻의 속담

① 좌우지간.

(3) 연상되는 속담

① 시작이 반이다.

1140. 줄 듯 줄 듯 하면서 애만 먹인다

(1) 의미 : 애초에 호의를 베풀 생각이 없으면서 애간장만 태우게 하는 모양.

1141. 줄수록 양양

(1) 의미 : 염치없는 인간의 욕심.

(2) 같은 뜻의 속담

① 되면 더 되고 싶다.

② 행랑을 빌리면 안채까지 든다.

③ 말 타면 경마(고삐) 잡히고 싶다.

④ 말 타면 종 두고 싶다.

(3) 연상되는 속담

① 바다는 메워도 인간의 욕심은 못 메운다.

② 열 길 물속은 메워도 한 길 사람 속은 못 메운다.

③ 학은 거북의 나이를 부러워한다.

④ 천석꾼은 만석꾼을 부러워한다.

1142. 중년 상처는 대들보가 휜다

(1) 의미 : 어린 자녀들을 많이 남긴 상태에서 아내상을 당하면 집안 살림이 상당히 어려워진다.

1143. 중매는 잘 하면 술이 석 잔 못 하면 뺨이 세 대

(1) 의미 : 결혼생활이 원만하게 된 경우와 그렇지 못한 경우 중매쟁이의 가치는 극과 극으로 갈린다.

(2) 연상되는 속담

① 너와 나의 원수는 중매쟁이.

1144. 중매쟁이는 말 한마디면 그만, 풍수쟁이는 두 말이면 그만

(1) 의미 : 중매설 때는 '혼처가 좋다' 한마디면 그만이고, 풍수볼 때는 '산소 자리가 좋다' 아니면 '산소 자리가 나쁘다' 두 마디면 된다.

1145. 중은 무엇을 해도 무릎을 꿇는다

(1) 의미 : 승려는 불공을 드릴 때 무릎을 꿇는다. 그래서 무릎을 꿇는 것이 습관화되어 있다.

(2) 같은 뜻의 속담

① 여자 앞에서 무릎 안 꿇는 남자 없다.

② 임금님도 여자 앞에선 무릎을 꿇는다.

1146. 중이 얼음 건너갈 땐 나무아비타불 하다가 얼음 깨질 때는 하느님 한다

(1) 의미 : 위급한 상황에서 나도 모르게 나오는 행위.

(2) 같은 뜻의 속담

① 물에 빠지면 지푸라기라도 잡는다.

1147. 중이 절이 싫으면 중이 떠나야지

(1) 의미 : 갑을 관계에서 약자인 을의 불가피한 선택.

자

(2) 해설 : 여기서 승려는 을, 절은 갑. 절이 싫은 중이 절을 없앨 수 없으니 울며 겨자 먹기로 절을 떠날 수밖에 없다.

(3) 같은 뜻의 속담

① 무거운 절 떠나라 말고 가벼운 중 떠나라.

② 울며 겨자 먹기.

③ 울며 먹는 씨아.

④ 아쉬워 엄나무 방석.

⑤ 길이 없으니 한 길을 걷고 물이 없으니 한 물을 먹는다.

⑥ 없어서 비단옷.

⑦ 싫은 춤에 지게 지고 엉덩이춤 춘다.

▶찾아가기 : 988. 울며 겨자 먹기.

1148. 중은 중이라도 절 모르는 중이다

(1) 의미 : 꼭 알고 있어야 하는 위치에 있는 사람이 그 필수적인 사항을 전혀 모르는 모양.

1149. 중 회 값 물어주기

(1) 의미 : 억울한 변상.

(2) 같은 뜻의 속담

① 봉사 기름값 물어주기.

1150. 쥐구멍을 찾는다

(1) 의미 : 부끄럽기 짝이 없다.

(2) 같은 뜻의 속담

① 자라 목 오그라들 듯.

② 얼굴에 모닥불을 껴안은 듯.

1151. 쥐도 새도 모르게

(1) 의미 : 아무도 모르게 감쪽같이 일처리 하는 것.

1152. 쥐뿔도 모른다

(1) 의미 : 아무것도 모르는 놈이 아는 체한다.

1153. 쥐뿔도 없다

(1) 의미 : 극도의 가난.

(2) 같은 뜻의 속담

① 쥐죽 쑤어줄 것 없고 생쥐 볼가심할 것 없다.

② 곰이라 발바닥 핥으랴.

③ 서발 막대 거칠 것 없다.

④ 물에 빠져도 주머니밖에 뜰 게 없다.

⑤ 가진 거라곤 ×× 두 쪽 뿐.

⑥ 엎어지면 궁둥이요 자빠지면 ×× 뿐이라.

1154. 쥐새끼 한 마리 얼씬하지 않는다

(1) 의미 : 아주 조용하다.

(2) 같은 뜻의 속담

① 쥐 죽은 듯.

1155. 쥐었다 폈다 한다

(1) 의미 : 상대방과의 언쟁에서 논리적인 말로 상대를 꼼짝못하게 하는 모양.

(2) 같은 뜻의 속담

① 들었다 놨다 한다.

(3) 연상되는 속담

① 엿장수 마음대로.

② 주머니에서 물건 내듯.

③ 공깃돌 놀리듯.

1156. 쥐 죽은 듯

▶찾아가기 : 1155. 쥐새끼 한 마리 얼씬하지 않는다.

1157. 지네 발에 신 신킨다

▶찾아가기 : 38. 가지 많은 나무 바람 잘 날 없다.

1158. 지는 것이 이기는 것

(1) 의미 : 수준 낮은 자와의 다툼에서는 지는 척 물러서는 도량이 중요하다.

(2) 연상되는 속담

① 이기는 것이 지는 것.

1159. 지랄병 빼고는 다 배우랬다

(1) 의미 : 모든 것은 다 배워야 하지만 지랄병은 예외다.

1160. 지렁이도 밟으면 꿈틀 한다

(1) 의미 : 사람은 누구나 최소한의 반항 수단이 있다.

(2) 같은 뜻의 속담

① 굼벵이도 밟으면 꿈틀 한다.

② 한 치 벌레에도 오푼 결기가 있다.

③ 괸 물도 밟으면 솟구친다.

1161. 지붕의 호박도 못 따는게 하늘의 천도를 따겠단다

(1) 의미 : 무리한 시도는 마라.

(2) 같은 뜻의 속담

① 오르지 못할 나무 쳐다보지도 마라.

② 따먹을 수 없는 과일 쳐다보지도 마라.

③ 짚신도 제 날이 좋다.

④ 적게 먹고 가늘게 싸라.

1162. 지성이면 감천이다

(1) 의미 : 정성이 지극하면 하늘도 감동 준다.

(2) 같은 뜻의 속담

① 정성이 지극하면 돌 위에도 풀 난다.

(3) 연상되는 속담

① 정성이 지극하면 한식에도 세배 간다.

1163. 지어먹은 마음 사흘 못 간다

(1) 의미 : 마음 깊숙한 곳에서 우러나지 않은 결심은 오래가지 않는다.

(2) 같은 뜻의 속담

① 난봉자식 마음 잡아야 삼 일.

1164. 지척이 천리

(1) 의미 : 가까이 있으면서도 오랫동안 만남이 없는 모양.

(2) 같은 뜻의 속담

① 격강이 천리.

1165. 지팡이 짚었다

(1) 의미 : 기초를 닦았다.

(2) 연상되는 속담

① 두 다리가 세 다리가 되었다.

1166. 진눈 가지면 파리 못 사귈까

(1) 의미 : 재주나 재력 등을 갖추고 있으면 아쉬운 자가 오게 된다.

(2) 연상되는 속담

① 그물이 삼천 코면 걸릴 날이 있다.

1167. 진상 가는 꿀병 동이듯

(1) 의미 : 소중한 것을 단단히 묶는 모양.

(2) 같은 뜻의 속담

① 새색시 아랫도리 싸매듯.

1168. 진상 가는 소 배때기를 찼다

(1) 의미 : 대단한 실례.

(2) 같은 뜻의 속담

① 치고 보니 삼촌이라.

② 앉는다는 게 하필 시아버지 어디에 앉는다.

1169. 진정한 벗은 어려울 때 안다

(1) 의미 : 어려움을 당할 때 같이 나누는 친구가 진정한 친구다.

1170. 집안 좁은 건 살아도 마음 좁은 건 못 산다

(1) 의미 : 가정에서 서로의 이해심을 강조하는 것.

1171. 짚불도 쬐다 나면 서운하다

▶찾아가기 : 959. 오뉴월 짚불도 쬐다 나면 서운하다.

1172. 짚신도 제 날이 좋다

▶찾아가기 : 1162. 지붕의 호박도 못 따는 게 하늘의 천도를 따겠단다.

1173. 짚신도 짝이 있다

(1) 의미 : 아무리 못난이도 제 배필은 있게 마련이다.

(2) 같은 뜻의 속담

① 헌 고리도 짝이 있다.

② 곰배팔이 장치다리도 짝이 있다.

1174. 짝사랑 외기러기

(1) 의미 : 짝사랑하는 자의 외로운 마음.

1175. 쪽제비도 낯짝이 있고 빈대도 콧등이 있고 미꾸라지도 밸통이 있다

▶찾아가기 : 70. 개도 꼬리를 흔들며 제 잘못을 뉘우친다.

1176. 쭈그렁 밤송이 삼 년 간다

(1) 의미 : 보기와는 달리 건강하다.

1177. 찧고 까분다

(1) 의미 : 행동이 신중하지 않고 경솔한 사람을 나무라는 것.

(차)

1178. 찬물도 위아래가 있다

(1) 의미 : 순서, 질서, 윗사람, 아랫사람 관련해서 사람들이 지켜야 하는 것.

(2) 같은 뜻의 속담

① 수숫대도 윗마디 아랫마디가 있다.

② 개 ×에도 순서가 있다.

③ 기러기도 날 때 줄지어 난다.

1179. 찰거머리 정

(1) 의미 : 끈끈한 정

(2) 해설 : 거머리는 사람들의 다리에 붙으면 웬만해선 떨어지지 않는다. 항차 찰거머리라면 그 끈끈함은 두말하면 잔소리다.

(3) 같은 뜻의 속담

① 피와 살로 맺은 정

1180. 찰찰이 불찰이라

(1) 의미 : 너무 살핀 것이 살피지 않으니만 못한 모양.

(2) 같은 뜻의 속담

① 지나침이 모자람만 못하다.

(3) 成語 : 과유불급(過猶不及)

1181. 참깨 들깨 다 노는데 아주까리 못 놀까

(1) 의미 : 남들 다 하는데 나라고 못 할 소냐.

(2) 해설 : 놀이 모임에서 나도 한 번 놀아보자고 자진해서 나서는 모양.

(3) 같은 뜻의 속담

① 시누 올케 춤추는데 가운데 올케 춤 못 추랴.

② 암캐 수캐 노는데 청삽살이 못 놀까.

(3) 연상되는 속담

① 새도 염불을 하고 쥐도 방귀를 뀐다.

1182. 참깨가 기니 짧으니 한다

(1) 의미 : 대수롭지 않은 것을 가지고 시비곡직을 따지고 든다.

(2) 같은 뜻의 속담

① 네 콩이 크니 내 콩이 크니 한다.

② 콩 났네 팥 났네 한다.

③ 참새가 기니 짧으니 한다.

(3) 연상되는 속담

① 도토리 키재기.

② 두꺼비 씨름.(※우열을 가리기 힘들다)

1183. 참새가 방앗간 그냥 지나가랴

(1) 의미 : 하고 싶은 것 보고 가만히 있지 못하는 모양.

(2) 같은 뜻의 속담

① 참새가 조밭 그냥 지나가랴.

1184. 참새가 죽어도 짹 한다

(1) 의미 : 막다른 곳에서 최후의 반항.

(2) 같은 뜻의 속담
① 쥐새끼도 밟으면 찍 한다.
② 몽둥이 맞은 미친 개 소리 안지르고 죽는 법 없다.

1185. 참을 인자 셋이면 살인도 면한다

(1) 의미 : 인내를 강조하는 속담.
(2) 같은 뜻의 속담
① 한 시를 참으면 백 날이 편하다.
(3) 연상되는 속담
① 가랑잎에 불 붙는다.
② 오뉴월 녹두 껍데기 튀듯.
③ 콩 튀듯 팥 튀듯.

1186. 채반이 용수 되도록 우긴다

(1) 의미 : 사실을 왜곡하고 무조건 우겨대는 사람을 나무라는 것.
(2) 해설 : 채반, 용수는 모두 술 만드는 데 쓰는 용기로 채반은 넓적하고 용수는 길쭉해 모양이 확연히 구분된다. 그런데 그 채반이 채반이 아니고 용수라고 무조건 우겨댄다.
(3) 같은 뜻의 속담
① 세 사람만 우겨대면 없는 호랑이도 만들어 낸다.
② 천인이 찟으면 천금이 녹고 만인이 찟으면 만금이 녹는다.
③ 입이 여럿이면 금도 녹인다.
(4) 成語 : 삼인성호(三人成虎)

1187. 처갓집에 송곳 차고 간다

(1) 의미 : 처갓집에 가서 융숭한 대접을 받는 모양.
(2) 해설 : 처갓집에서 사위 밥 차려줄 때 많이 먹으라고 밥을 꾹꾹 눌러 담아 보통 숟가락으론 뜨기 힘드니 별도로 송곳을 지니고 가야 한다.

차

1188. 처녀가 애를 낳았나

(1) 의미 : 사소한 잘못에 과하게 책망을 받을 때 책망 받는 이가 항변할 때 쓰는 말.

1189. 처녀가 애를 낳아도 할 말이 있다

(1) 의미 : 잘못한 자의 잘못에 대한 핑계거리는 무궁무진하다.
(2) 같은 뜻의 속담
① 죽을 죄에도 할 말이 있다.
② 핑계 없는 무덤 없다.
③ 과부가 애를 낳아도 할 말이 있다.
④ 암탉이 오리알을 낳아도 수탉에게 할 말이 있다.

1190. 처녀들은 말 방귀만 뀌어도 웃는다

(1) 의미 : 처녀들은 잘 웃는 것이 그 속성이다.
(2) 같은 뜻의 속담
① 처녀 한창때는 말똥 굴러가는 것 보고도 웃는다.

1191. 처삼촌 묘 벌초하듯

(1) 의미 : 성의 없는 일처리.
(2) 같은 뜻의 속담
① 고양이 세수하듯.

1192. 천 길 물속은 알아도 계집 속은 모른다

(1) 의미 : 여자의 마음을 파악하는 것은 보통 어려운 일이 아니다.
(2) 같은 뜻의 속담
① 한 품에 든 님의 마음도 모른다.
② 뱀굴과 여자 속은 모른다.

1193. 천 길 물속은 알아도 한 길 사람 속은 모른다

▶찾아가기 : 931. 열 길 물속은 알아도 한 길 사람 속은 모른다.

1194. 천 길 바닷속은 채워도 한 길 사람 속은 못 채운다

▶찾아가기 : 567. 바다는 메워도 인간의 욕심은 못 메운다.

1195. 천둥번개 할 땐 천하 사람이 한마음 한뜻

(1) 의미 : 공통의 위기상황에선 모두가 한마음이다.

1196. 천 리 길도 십 리

(1) 의미 : 그리운 사람 만나러 가는 발걸음은 가볍다.

1197. 천석꾼은 천 가지 걱정 만석꾼은 만 가지 걱정

(1) 의미 : 빈부 여하를 막론하고 인생길에서의 근심걱정은 피할 수 없는 숙명.

(2) 같은 뜻의 속담

① 근원 벨 칼 없고 근심 없앨 묘약 없다.

② 쌍가마 속에도 설움은 있다.

③ 비단 치마 아래 눈물이 괸다.

④ 허허해도 빚이 열 닷 냥.

1198. 천하 잡놈에 지하 잡년

(1) 의미 : 남녀관계가 난잡한 남녀를 호되게 나무라는 속담.

1199. 철 나자 망령난다

(1) 의미 : 지혜롭게 한 세상 사는 것은 쉬운 일이 아니다.

(2) 같은 뜻의 속담

① 지각 나자 망령난다.

② 사람은 철들면서 죽는다.

(3) 成語 : 생즉고(生卽告)

1200. 첫딸은 살림 밑천

(1) 의미

① 첫아들을 못 낳은 부모에 대한 위로조의 말.

② 첫딸은 가장 믿음직스럽다.

(2) 해설 : 첫아들을 원했던 사람에게 위로조로 한마디 건네는 것과, 첫딸은 가장 믿음직한 자녀란 두 가지 의미.

1201. 첫술에 배 부르랴

(1) 의미 : 처음부터 단번에 만족스럽게 되는 일은 없다.

(2) 같은 뜻의 속담

① 웃고 나오는 아이 없다.

1202. 첫 애 낳고 나면 평안감사도 뒤돌아본다

(1) 의미 : 첫 아이를 낳고 나면 여인으로서의 태도나 언행이 원숙해 진다.

1203. 청상과부의 울음소리는 산천초목도 울린다

(1) 의미 : 청상과부의 슬픔은 산천초목도 울 정도다.

1204. 청은 남에서 나왔지만 남보다 더 푸르다

(1) 의미 : 제자가 스승을 뛰어넘을 정도로 훌륭하다.

(2) 같은 뜻의 속담

① 나중 난 뿔이 우뚝하다.

(3) 成語 : 청출어람 청어람(靑出於藍 靑於藍)

1205. 청한 손님은 만날 때 반갑고 불청객은 갈 때 반갑다

(1) 의미 : 불청객은 빨리 가 주었으면 하는 게 주인의 솔직한 심정이다.

(2) 연상되는 속담

① 학과 손님은 일어설 때 아름답다.

② 손은 갈수록 좋고 비는 올수록 좋다.

③ 가는 손님은 뒷꼭지가 어여쁘다.

1206. 초가삼간 다 타도 빈대 죽는 것이 시원하다

(1) 의미 : 손해 보더라도 미운 사람 더 이상 안 보는 것이 시원하다.

(2) 같은 뜻의 속담

① 삼 년 학질에 벼랑 떼 밀이

※학질의 민간요법으로 학질 환자를 놀라게 하는 방법이 있었다.

(3) 연상되는 속담

① 앓던 이 빠진 것 같다.

② 십 년 묵은 체증이 내리는 것 같다.

③ 미친개 호랑이가 물어간 것 같다.

차

1207. 초상빚은 삼 대를 두고 갚는다

(1) 의미 : 부모님 상에 얻어쓴 빚 안 갚는 것은 불효자식에 다름아니다.

1208. 총독부 말뚝이라

(1) 의미 : 외도를 즐기는 것을 나무라는 것.

(2) 해설 : 일제 강점기 총독부에서 아무 땅에나 말뚝을 박고 총독부 소유로 했었다.

1209. 춘풍으로 남을 대하고 추풍으로 나를 대하라

(1) 의미 : 남을 대할 땐 항상 온화한 마음으로,

나를 대할 땐 냉철하게.

1210. 춘향이가 인도환생을 했다

(1) 의미 : 절개, 지조가 강한 여자를 칭찬하는 것.

(2) 해설 : 춘향전에서 춘향은 절개, 지조가 한결같은 여자였고 그 춘향이가 다시 태어났다.

1211. 충신을 구하려면 효자 문중에서 구하라

(1) 의미 : 충신을 구하는 방법.

(2) 해설 : 효자는 부모에 효도하는 자이고 충신은 임금에게 충성을 다하는 자다. 효와 충은 동질의 마음가짐이다. 그래서 효자를 많이 배출하는 집안에서 충신을 구해와야 한다.

1212. 충충하기는 노송나무 밑일세

(1) 의미 : 마음이 음흉한 사람.

(2) 해설 : 오래된 소나무 아래는 밝지도 못하고 우중충하다.

1213. 치고 보니 삼촌이라

▶찾아가기 : 1169. 진상 가는 소 배때기를 찼다.

1214. 치러 갔다 맞기가 예사라

(1) 의미 : 보복 당하는 모양.

(2) 같은 뜻의 속담

① 가는 방망이 오는 홍두깨.

② 남잡이가 제잡이.

③ 되로 주고 말로 받는다.

1215. 치수 보고 옷 짓는다

▶찾아가기 : 323. 누울 자리 봐 가며 발 뻗는다.

1216. 친구 따라 강남 간다

(1) 의미 : 적극적으로 할 생각은 없지만 분위기에 이끌려 한다.

(2) 같은 뜻의 속담

① 여럿이 가면 병든 다리도 끌려간다.

② 권에 못 이겨 방립 쓴다.

(3) 연상되는 속담

① 울며 겨자 먹기.

② 울며 먹는 씨아.

③ 억지 춘향.

④ 길이 없으니 한 길을 가고 물이 없으니 한 물을 먹는다.

⑤ 아쉬워 엄나무 방석.

⑥ 없어서 비단옷.

⑦ 중이 절이 싫으면 중이 떠나야지.

1217. 친손자는 걸리고 외손자는 업고 가면서 업은 아이 발 시리다 빨리 가자 한다

(1) 의미 : 친손자보다 외손자를 더 귀애하는 모양.

1218. 친정 일가 같다

▶찾아가기 : 748. 성부동 남이다.

1219. 칠 년 가뭄에 하루 쓸 날 없다

(1) 의미 : 칠 년 가뭄엔 애타게 비 오길 기다리게 된다. 그런데 어느 특정한 날엔 꼭 날씨가 개어야 하는데 하필이면 그날 비가 오는 모양.

1220. 칠 년 가뭄엔 살아도 석 달 장마엔 못 산다

(1) 의미 : 오랜 가뭄도 견디기 힘들지만 오랜 장마는 그에 비할 바 없이 엄청 힘들다.

(2) 같은 뜻의 속담

① 가뭄 끝은 있어도 장마 끝은 없다.

② 가뭄 끝은 있어도 불난 끝은 없다.

1221. 침도 바람 보고 뱉으랬다

(1) 의미 : 매사 남에게 피해 주는지 아닌지 보고 신중히 행동해야 한다.

(카)

1222. 칼날의 흠은 고쳐도 말 흠은 못 고친다

(1) 의미 : 남의 가슴에 못 박는 말 한 사람은 사과해도 원상회복은 어렵다.

(2) 같은 뜻의 속담

① 화살은 쏘아 놓고 주워도 말은 해 놓고 못 줍는다.

(3) 연상되는 속담

① 가슴에 못을 박는다.

② 한 말은 삼 일, 들은 말은 삼 년 간다.

③ 남에게 못 할 말 하면 제 자손에 앙얼 간다.

④ 무덤가에 가도 막말은 말아라.

⑤ 칼에 찔린 상처는 나아도 말에 찔린 상처는 낫기 어렵다.

1223. 칼도 남의 칼집에 들면 찾기 어렵다

▶찾아가기 : 1106. 제 칼도 남의 칼집에 들면 찾기 어렵다.

1224. 칼로 물 베기

(1) 의미 : 부부싸움의 다른 표현.

(2) 해설 : 칼로 물을 베면 그 물이 베어질까.

1225. 칼에 찔린 상처는 나아도 말에 찔린 상처는 낫기 어렵다

(1) 의미 : 남에게서 막말을 들은 자의 심정.
(2) 같은 뜻의 속담
① 가슴에 못을 박는다.
② 한 말은 삼 일, 들은 말은 삼 년 간다.
③ 한 말은 삼 년, 들은 말은 백 년 간다.
④ 지껄인 입은 쇠 ×만 못해도 들은 귀는 천 년 간다.
(3) 연상되는 속담
① 화살은 쏘아 놓고 주워도 말은 해 놓고 못 줍는다.
② 칼날의 흠은 고쳐도 말 흠은 못 고친다.
③ 남에게 못 할 말 하면 제 자손에 앙얼 간다.
④ 무덤가에 가도 막말은 말아라.

1226. 칼 잡은 놈 자루 잡은 놈 못 당한다

(1) 의미 : 유리한 위치에 있는 사람 실권을 쥔 사람 등에 대항하는 것 쉬운 일 아니다.
(2) 같은 뜻의 속담
① 갑질.
② 달걀로 바위 치기.
③ 자가사리 용을 건드린다.
④ 대부동(아름드리 나무)에 곁낫질.

1227. 코가 다섯 자나 빠졌다

▶찾아가기 : 301. 내 코가 석 자

1228. 코가 커서 얻은 서방이 고자라

▶찾아가기 : 673. 빛 좋은 개살구

1229. 콧방귀를 뀐다

▶찾아가기 : 905. 어느 개가 짖느냐 한다.

1230. 콧구멍이 둘이라 다행이다

(1) 의미 : 상대방과 말할 때 이치에 맞지 않은 말 등 답답할 때 하는 말.

(2) 같은 뜻의 속담

① 너하고 말하느니 담하고 말하는 것이 낫겠다.

(3) 연상되는 속담

① 기가 막힐 땐 숨 쉬는 것이 약이다.

※남에게서 기막힌 말을 들었을 때는 일단 흥분하지 말고 마음을 가라앉혀야 한다.

1231. 콩 났네 팥 났네

▶찾아가기 : 1183. 참깨가 기니 짧으니 한다.

1232. 콩밭에서 서슬 치겠다

▶찾아가기 : 1078. 저렇게 급하면 왜 외조할미 속으로 안 나왔어.

1233. 콩 심으면 콩 나고 팥 심으면 팥 난다

(1) 의미 : 그 원인에 그 결과 나온다.

(2) 같은 뜻의 속담

① 뿌린대로 거두리라(성경).

② 씨도둑은 못 한다.

(3) 成語 : 인과응보(因果應報), 종과득과(種瓜得瓜)

(4) 연상되는 속담

① 덕은 닦은 데로 가고 죄는 지은 데로 간다.

② 물은 트는 데로 가고 죄는 지은 데로 간다.

③ 한강물이 제 골로 흐른다.

1234. 콩으로 메주를 쑨대도 곧이 안 듣는다

(1) 의미 : 한 번 신용을 잃은 자는 그 회복이 쉽지 않다.
(2) 같은 뜻의 속담
① 소금으로 장을 담근다 해도 곧이듣지 않는다.
(3) 연상되는 속담
① 팥으로 메주를 쑨대도 곧이듣는다.
② 팥으로 두부를 만든대도 곧이듣는다.

1235. 콩을 구워 먹자는 소린지 떡을 치자는 소린지

(1) 의미 : 잘 알면서도 시치미를 떼고 '무슨 소릴 하는지 모르겠다' 고 능청을 떠는 모양새.

1236. 큰 일이면 작은 일로 두 번 치루어라

(1) 의미 : 능률적인 일처리.
(2) 해설 : 큰 일 치루는 것은 정신적 육체적으로 부담스럽다. 그러나 나누어 하면 정신적으로도 가볍고 육체적으로도 가볍다.

1237. 키 큰 놈이나 키 작은 사람이나 하늘에 굽히지 않는 것은 매일반

(1) 의미 : 키 작다고 놀림 받는 자의 항변.

(타)

1238. 타고난 재주 한 가지씩은 다 있다

(1) 의미 : 잘났든 못났든 제 나름의 특기 하나씩은 다 있게 마련이다.

(2) 연상되는 속담

① 사람과 쪽박은 있는 대로 다 쓴다.

② 개천에 내다 버릴 종 없다.

1239. 태산을 넘으면 평지를 본다

▶찾아가기 : 118. 고생 끝에 낙이 있다.

1240. 태산이 평지 된다

(1) 의미 : 빠르게 변하는 시대.

(2) 같은 뜻의 속담

① 상전이 벽해된다.

(3) 成語 : 상전벽해(桑田碧海).

1241. 태수 되자 턱 떨어진다

▶찾아가기 : 1077. 재주를 다 배우니 눈이 어둡다.

1242. 털어서 먼지 안 나는 사람 없다

(1) 의미 : 흉허물은 누구나 조금씩이라도 다 있다.

(2) 같은 뜻의 속담

① 뉘 집 부억인들 연기 안 날까.

② 옥에도 티가 있다.

③ 백미에도 뉘가 있다.

(3) 연상되는 속담

① 옥에는 티나 있지.

② 봉산 참배는 물이나 있지.

③ 비단결 같다.

④ 시거든 떫지나 말고 검거든 얽지나 말아야지.

⑤ 구멍 투성이에 부스럼 투성이.

⑥ 방정맞거든 성미나 급하지 말아야지.

(파)

1243. 파김치가 되었다

(1) 의미 : 누적된 피로의 모양.

(2) 해설 : 김치의 재료로 쓰인 파는 시일이 지남에 따라 늘어질 대로 늘어진다.

(3) 같은 뜻의 속담

① 코에서 단내가 난다.

1244. 파리 발 비비듯

(1) 의미 : 잘못을 싹싹 비는 것.

1245. 파리 한 섬을 다 먹었다 해도 실제로 먹지 않았으면 그만이다

(1) 의미 : 아무리 중상모략을 받았더라도 그런 일이 없었다면 모른 체 하라.

(2) 같은 뜻의 속담

① 욕이 배 타고 들어가나.

(3) 연상되는 속담

① 열 놈이 백 말을 하여도 듣는 이 짐작이라.

② 남의 말 다 들으면 목에 칼 벗을 날 없다.

1246. 판에 박은 것 같다

(1) 의미 : 아주 똑같다.

(2) 같은 뜻의 속담

① 다식판에 박은 듯.

1247. 팔도를 메주 밟듯 했다

(1) 의미 : 전국 방방곡곡을 다 다녀봤다.

1248. 팔백 금으로 집을 사고 천 냥으로 이웃을 산다

(1) 의미 : 좋은 이웃의 중요성을 강조하는 것.

(2) 같은 뜻의 속담

① 집을 사면 이웃을 본다.

② 형제 없이는 살아도 이웃 없이는 못 산다.

1249. 팔이 안으로 굽지 밖으로 굽나

(1) 의미 : 정이란 조금이라도 더 가까운 쪽으로 가게 마련이다.

(2) 같은 뜻의 속담

① 팔이 들이굽지 내굽나.

② 잔 잡은 팔 밖으로 펴지 못한다.

③ 한 치 건너 두 치.

1250. 팥으로 메주를 쑨대도 곧이듣는다

(1) 의미 : 신임하고 있는 사람의 모든 언행을 모두 옳은 것으로 간주하고 있는 모양.

(2) 같은 뜻의 속담

① 팥으로 두부를 만든대도 곧이듣는다.

(3) 연상되는 속담

① 콩으로 메주를 쑨대도 곧이 안 듣는다.

② 소금으로 장을 담근다 해도 곧이듣지 않는다.

1251. 팥이 풀어져도 솥 안에 있다

(1) 의미 : 손해 본 듯하지만 실상 손해 본 것 없다.

(2) 같은 뜻의 속담

① 죽이 풀어져도 손안에 있다.

1252. 패장은 말이 없다

(1) 의미 : 실패한 자의 변명은 설득력이 없다.

(2) 같은 뜻의 속담

① 패한 장수는 용맹을 말하지 않는다.

1253. 편지의 문안 글귀

(1) 의미 : 꼭 있어야 되는 필수품.

(2) 같은 뜻의 속담

① 제수 홍정의 삼색 실과.

② 약방의 감초.

1254. 평생 지팡이

(1) 의미 : 부부

(2) 해설 : 평생토록 서로 의지해야 하는 관계.

1255. 평안 감사도 저 싫으면 그만이다

(1) 의미 : 남들이 다 부러워할 정도로 좋은 것이라도 내가 내키지 않아 싫으면 못한다.

(2) 해설 : 감사는 현재의 도지사. 그리고 평안도 감사는 당시 모든 사람들이 부러워하는 관직이었다.

(3) 같은 뜻의 속담

① 천서방 만서방이라도 저 싫으면 그만이다.

1256. 평지 낙상

(1) 의미 : 하찮은 것에도 세심한 주의가 필요하다.

(2) 같은 뜻의 속담

① 장판 방에서 자빠진다.

② 홍시 먹다 이 빠진다.

③ 수박 먹다 이 빠진다.

(3) 연상되는 속담

① 설마가 사람 잡는다.

② 넘겨짚다 팔 부러진다.

1257. 평택이 깨지나 아산이 무너지나 한번 해 보자

(1) 의미 : 네가 죽던 내가 죽던 한번 붙어 보자.

(2) 해설 : 평택과 아산은 서로 인접한 지역으로 예부터 서로 대립하는 지역감정이 있었다.

(3) 같은 뜻의 속담

① 백두산이 무너지나 동해가 메워지나 한번 해 보자.

(3) 成語 : 결사항전(決死抗戰).

1258. 포천 장 소 까닭

(1) 의미

① 제 잘못은 생각하지 않고 남 탓하는 짓.

② 웬일이냐고 묻는 말에 엉뚱하게 다른 구실 대는 것.

(2) 해설 : 이 속담의 재료가 되는 것은 다음 두 가지 사실이다.

① 이조 고종 때 경기도 포천지역에 살고 있던 최익현 선생은 고종에게 여러 차례에 걸쳐 소(상소)를 올렸고 그때마다 소가 채택 되어 나라 정책이 많이 바뀌게 되었다. 그런 변화에 의아해 한 사람들이 최익현 선생에게 무슨 일이 있었느냐고 물어 왔다. 그때 최익현 선생이 사실대로 알려줬다. '포천에서

소를 올린 까닭이다.'

② 이조 고종 때 경기도 포천군 소흘면 송우리는 소시장으로 유명했었다. 그 시장에 소를 팔러 나왔던 사돈지간의 갑과 을이 우연히 만나게 되었고, 반가운 나머지 소를 끌고 술집으로 가 술 한 잔 같이 하게 되었다.

만취한 두 사람이 귀가길에 오르게 됐는데 만취한 상태라 분별력이 떨어져 소가 바뀐 것을 모르고 바뀐 소를 타고 귀가하게 되었다. 그 결과 소는 귀소본능에 따라 자기 집으로 가게 되었는데 그러다 보니 갑은 을의 집에, 을은 갑의 집에 도착하게 되었다. 이튿날 잠에서 깬 갑과 을은 그제사 실수로 서로 사돈집에서 잔 것을 알게 됐다. 그리고 갑과 을은 귀가길에 중간지점에서 만나 "우리가 실수한 것은 술 때문이다." 라고 서로 자책하기에 이르렀다.

(3) 실체적 사실과 표기된 속담 '포천 장 소 까닭'의 연관성

① 이 속담의 뜻 중「제 잘못은 생각 않고 남 탓하는 짓」은 (2)의 ①②의 실체적 사실에서 찾는다. 왜냐. 술 때문에 실수했는데 남 탓인 소 탓(까닭)이라고 표기되고 있기 때문이다.

② 이 속담의 뜻 중「웬일이냐고 묻는 말에 엉뚱하게 다른 구실 대는 것」은 (2)의 ①의 실체적 사실에서 찾는다. 왜냐. 질문은 '나라 정책이 왜 자꾸 바뀌느냐' 인데 대답은 '갑과 을의 소 시장 관련인 소 까닭'이라고 표기되고 있기 때문이다.

(4) 같은 뜻의 속담

① 안되면 조상 탓.

② 안되면 지관 탓.

③ 봉사 개천 탓.

④ 국수 못하는 년 피나무 안 반 탓.

(4) 成語 : 동문서답(東問西答).

1259. 품 안에 있을 때 내 자식이다

(1) 의미 : 자식은 어렸을 때는 부모가 뜻대로 키울 수 있지만 장성하면 반항심 개성 등으로 부모의 뜻대로 조정이 안된다.

(2) 같은 뜻의 속담

① 자식은 어려서 자식이다.

(3) 연상되는 속담

① 아들은 장가가면 반남이 되고 딸은 시집가면 온남이 된다.

1260. 피는 물보다 진하다

(1) 의미 : 혈통이 기준이 된 가족관계, 혈족관계 등의 결속은 다른 어떤 관계보다 끈끈하다.

1261. 핑계 없는 무덤 없다

▶찾아가기 : 1190. 처녀가 애를 낳아도 할 말이 있다.

1262. 핑계 핑계 도라지 핑계

(1) 의미 : 처녀가 적당한 핑계를 대고 총각 만나러 가는 것.

(2) 해설 : 도라지는 총각을 말하는 것. 또한 핑계가 필요했던 것은 처녀의 바깥 출입이 쉽지 않았던 풍습에 기인한다.

(하)

1263. 하나를 보면 열을 안다

(1) 의미
① 매우 영리하다.
② 하는 행동 한 가지를 보면 그 사람이 어떤 사람인지 유추할 수 있다.
(2) 같은 뜻의 속담
① 하늘 천(天) 하면 검을 현(玄) 한다.
② 한 일을 보면 열 일을 안다.
(3) 연상되는 속담
① 될성부른 나무는 떡잎부터 알아본다.

1264. 하나만 알고 둘은 모른다

(1) 의미 : 편협한 식견.
(2) 같은 뜻의 속담
① 나무를 보고 숲은 못 본다.
② 우물 안 개구리.

1265. 하늘과 땅 차이

(1) 의미 : 엄청난 차이.

1266. 하늘도 알고 땅도 안다

(1) 의미 : 남녀간 불륜은 탄로나게 돼 있다.
(2) 같은 뜻의 속담
① 하늘이 알고 땅이 알고 네가 알고 내가 안다.
② 넷이 안다.
(3) 연상되는 속담
① 남녀간의 정분은 하늘도 모른다.

1267. 하늘은 스스로 돕는 자를 돕는다

(1) 의미 : 자립정신이 강한 자는 하늘도 돕는다.
(2) 같은 뜻의 속담
① 부지런한 부자는 하늘도 못 막는다.
(3) 연상되는 속담
① 가난 구제는 나라도 못한다.

1268. 하늘을 봐야 별을 딴다

▶찾아가기 : 63. 개구리도 움쳐야 뛴다.
727. 새도 깃을 쳐야 난다.

1269. 하늘이 무너져도 솟아날 구멍이 있다

▶찾아가기 : 571. 바람이 불다 불다 그친다.

1270. 하늘 천(天) 하면 검을 현(玄) 한다

▶찾아가기 : 1264. 하나를 보면 열을 안다.

1271. 하던 지랄도 멍석 펴 놓으면 안 한다

(1) 의미 : 바람직하거나 바람직하지 않거나 자기가 하고 있는 일 남이 추어주면 안 하는 모양.
(2) 해설 : 남에게 간섭 받기 실어하는 인간의 속성이 저변에 깔려있는 것으로 추정된다.

(3) 같은 뜻의 속담
① 까마귀 똥도 약이라면 물에 깔린다.

1272. 하도 기가 막혀 막힌 둥 만 둥이다

(1) 의미 : 상대방의 말이 하도 기가 막혀 기가 막혔는지 안 막혔는지 모를 지경이다.

1273. 하룻길 가다 보면 소도 보고 말도 본다

(1) 의미 : 한 세상 살다 보면 별의별 사람 다 보고 산다.

1274. 하루 물림이 열흘 간다

(1) 의미 : 하루 연기하다 보면 금세 열흘이 지날 수 있으니 모든 일 연기하지 말고 즉시 처리해야 한다는 말.

1275. 하룻강아지 범 무서운 줄 모른다

(1) 의미 : 철 모르고 함부로 덤빈다.
(2) 같은 뜻의 속담
① 해변 개 범 무서운 줄 모른다.
② 대신 댁 송아지 범 무서운 줄 모른다.

1276. 하룻밤을 자도 만리장성을 쌓는다

(1) 의미 : 이성간의 합방은 끈끈한 정으로 이어질 수 있다.
(2) 연상되는 속담
① 하룻밤을 자도 만리장성을 쌓으랬다.

1277. 하룻밤을 자도 헌 각시

(1) 의미 : 순결 잃으면 처녀가 아니다.
(2) 같은 뜻의 속담
① 처녀면 다 처녀인가.

② 되모시가 처녀냐 숫처녀가 처녀지.

1278. 하룻밤 자고 나면 수가 난다

(1) 의미 : 아무리 어려운 일이라도 여유를 두고 차분히 심사숙고하면 해결 방법이 나온다.

1279. 하지도 못하는 놈이 잠방이부터 벗는다

(1) 의미 : 능력 없는 놈 그 일 하겠다 덤빈다.

(2) 같은 뜻의 속담

① 난쟁이 교자꾼 참여하듯.

※교자꾼 : 가마 메는 사람.

1280. 학과 손님은 일어설 때 아름답다

(1) 의미 : 손님은 적당한 시간에 일어나 가는 것이 예의다.

(2) 같은 뜻의 속담

① 비는 올수록 좋고 손은 갈수록 좋다.

② 가는 손님은 뒷꼭지가 어여쁘다.

③ 반가운 손님도 사흘이다.

④ 사흘 묵어 반가운 손님 없다.

(3) 연상되는 속담

① 청한 손님은 와서 좋고 청하지 않은 손님은 가서 좋다.

② 청한 손님은 만날 때 반갑고 청하지 않은 손님은 갈 때가 반갑다.

1281. 학은 거북의 나이를 부러워한다

▶찾아가기 : 567. 바다는 메워도 인간의 욕심은 못 메운다.

1282. 학이 곡곡 하니 황새도 곡곡 한다

▶찾아가기 : 110. 계집아이 오라비 하니 사내도 오라비 한다.

1283. 한날한시에 난 손가락도 길고 짧다

(1) 의미 : 같은 부모의 자식이라도 성격, 특성 등이 다 다르다.

(2) 같은 뜻의 속담

① 한 에미 새끼도 오롱이 조롱이.

② 한 배 새끼도 흰둥이 검둥이.

1284. 한데 앉아서 응달 걱정 한다

▶찾아가기 : 377. 더부살이 주제에 주인마님 속곳 베 걱정한다.

1285. 한량이 죽어도 기생 집 울타리 밑에서 죽는다

▶찾아가기 : 287. 남자는 다 도둑놈.

1286. 한 말 등에 두 안장 얹을까

(1) 의미 : 일부일처 즉 한 남편에 한 아내를 강조하는 말.

(2) 같은 뜻의 속담

① 한 어깨에 두 지게 질까.

② 한 밥그릇에 두 술 없다.

(3) 연상되는 속담

① 게도 제 구멍이 아니면 안 들어간다.

1287. 한 말은 삼 년, 들은 말은 백 년 간다

▶찾아가기 : 1226. 칼에 찔린 상처는 나아도 말에 찔린 상처는 낫기 어렵다.

하

1288. 한 밥그릇에 두 술 없다

▶찾아가기 : 1287. 한 말 등에 두 안장 얹을까

1289. 한 번 때리나 두 번 때리나 욕 먹기는 마찬가지

▶찾아가기 : 280. 남의 아이 한 번 때리나 두 번 때리나 때렸단 소리 듣긴 마찬가지.

1290. 한 번 채인 돌 두 번 채이지 않는다

▶찾아가기 : 741. 선 미련 후 슬기.

1291. 한 번 보면 초면, 두 번 보면 구면

▶찾아가기 : 913. 어제 보던 손님.

1292. 한 불당에 앉아서 내 사당 네 사당 한다

(1) 의미 : 한 집안 식구끼리 친족끼리 재산 문제로 다투는 것을 나무라는 속담.

(2) 같은 뜻의 속담

① 갈치가 갈치꼬리를 문다.

② 제 인치 뜯는 말이다.

③ 한솥밥 먹고 송사 간다.

④ 살이 살을 먹고 쇠가 쇠를 먹는다.

⑤ 망둥이가 제 동무 잡아먹는다.

1293. 한솥밥 먹고 송사 간다

▶찾아가기 : 1293. 한 불당에 앉아서 내 사당 네 사당 한다.

1294. 한시를 참으면 백날이 편하다

▶찾아가기 : 1186. 참을 인자 셋이면 살인도 면한다.

1295. 한 어깨에 두 지게 질까

▶찾아가기 : 1287. 한 말 등에 두 안장 얹을까.

1296. 한 이불 덮고 자면 서릿발 같은 원한도 녹는다

(1) 의미 : 부부싸움 후의 합방의 중요성을 강조하는 말.

1297. 한 일을 보면 열을 안다

▶찾아가기 : 1264. 하나를 보면 열을 안다.

1298. 한 입으로 두 말 하지 마라

▶찾아가기 : 1031. 일구이언은 이구지자다.

1299. 한 자를 가르치려면 천 자를 알아야 한다

(1) 의미 : 어떤 일정한 것을 가르치려면 그 어떤 일정한 것에 관해 해박한 지식을 갖추어야 한다.

1300. 한 잔 먹은 김에 노래한다

(1) 의미 : 해당되는 계기에 다른 것까지 다 해버린다.

(2) 해설 : 술 한 잔 먹으니 기분이 고조된다. 그래서 겸사겸사 노래까지 한다.

(3) 같은 뜻의 속담

① 떡 본 김에 제사 지낸다.

② 넘어진 김에 쉬어간다.

③ 비 맞은 김에 머리 빗는다.

④ 소매 긴 김에 춤춘다.

⑤ 활 당긴 김에 코 닦는다.

⑥ 굿도 볼 겸 떡도 먹을 겸.

하

1301. 한 치 앞을 못 본다

(1) 의미 : 예지력(앞으로 일어날 일을 예측하는 능력)이 전혀 없다.

(2) 같은 뜻의 속담

① 눈은 있어도 망울이 없다.

② 우물 안 개구리.

(3) 연상되는 속담

① 하나를 보면 열을 안다.

② 앉아서 삼 천리 서서 구 만리.

1302. 한 치의 기쁨엔 한 자의 걱정이 따른다

(1) 의미 : 인생사 기쁠 땐 거기에 따른 걱정거리도 많이 생긴다.

(2) 같은 뜻의 속담

① 화 곁에 복이 기대 살고 복 속에 화가 숨어있다.

(3) 연상되는 속담

① 손톱은 슬플 때마다 돋고 발톱은 기쁠 때마다 돋는다.
※손톱은 발톱보다 더 빨리 자란다. 슬픔도 기쁨보단 더 자주 생긴다.

1303. 한 치 건너 두 치

▶찾아가기 : 782. 손이 안으로 굽지 밖으로 굽나.

1304. 할 일 없으면 오금이라도 긁어라

(1) 의미 : 무료하게 시간 보내지 말고 아무거라도 해라.

(2) 같은 뜻의 속담

① 적적하면 내 볼기라도 쳐라.

② 노는 입엔 염불이라도 해라.

(3) 연상되는 속담

① 할 일 없으면 집에 가 낮잠이나 자라.

② 굿이나 보고 떡이나 먹어라.

③ 청하지 않은 잔치에 묻지 않은 대답이라.
※①,②,③은 쓸데없이 말참견 하는 자를 나무라는 뜻.

1305. 할 일 없으면 집에 가 낮잠이나 자라

(1) 의미 : 쓸데없이 말참견 하는 자를 나무라는 것.

(2) 같은 뜻의 속담
① 굿이나 보고 떡이나 먹어라.
② 청하지 않은 잔치에 묻지 않은 대답이라.

1306. 함흥차사

(1) 의미 : 한 번 가면 감감무소식인 것.
(2) 해설 : 이조시대 태조 이성계가 정종에게 왕위를 물려주고 함흥으로 가 버렸다. 그 후 태종이 사신을 보내면 그 사신은 감감무소식이었다.
(3) 같은 뜻의 속담
① 강원도 포수.
② 지리산 포수.
③ 청산에 매 띄워놓기.

1307. 해가 서쪽에서 뜨겠다

(1) 의미 : 그 사람 능력으로 해낼 수 없는 일을 해냈을 때 농담 반 칭찬 반으로 그 사람에게 건네는 말.
(2) 같은 뜻의 속담
① 서천에서 해 뜨겠다.
(3) 연상되는 속담
① 내일은 해가 서쪽에서 뜨려나 보다.

1308. 해는 저물고 갈 길은 멀다

(1) 의미 : 해야 할 일은 많은데 다 못한 상태에서 늙어가는 것을 안타까워하는 모습.

1309. 행랑을 빌리면 안채까지 든다

▶찾아가기 : 1142. 줄수록 양양

1310. 행사하는 건 엿봐도 편지 쓰는 건 엿보지 말랬다

(1) 의미 : 남의 편지 내용 보는 것은 대단한 실례다.

1311. 향기 나는 미끼 아래 반드시 죽는 고기 있다

(1) 의미 : 남의 감언이설에 속지 마라.

1312. 허물 모르는 것이 내외관계

(1) 의미 : 부부 사이에는 서로 숨김이 없어야 함을 강조하는 말.

1313. 허벅지만 봐도 ×× 봤다고 한다

▶찾아가기 : 564. 바늘 끝만 한 일 보면 쇠공이 만큼 늘어놓는다.

1314. 허파에 바람 들었나

▶찾아가기 : 265. 날이 좋아 웃는다마는 동남풍에 입술이 그슬린다.

1315. 허허 해도 빚이 열 닷 냥

(1) 의미 : 지위나 빈부 여하에 불구하고 사람은 그 누구도 근심 걱정 한 두 가지씩은 다 있다.

(2) 같은 뜻의 속담

① 비단 치마 아래 눈물이 괸다.

② 쌍가마 속에도 설움이 있다.

③ 천석꾼은 천 가지 걱정, 만석꾼은 만 가지 걱정.

④ 없는 사람은 없는 걱정이 있고 있는 사람은 있는 걱정이 있다.

(3) 연상되는 속담

① 근원 벨 칼 없고, 근심 없앨 묘약 없다.

1316. 혀 아래 도끼 들었다

▶찾아가기 : 993. 웃으며 한 말에 초상난다.

1317. 형만 한 아우 없다

(1) 의미 : 일처리엔 경험 많은 형이 나올 수밖에 없다.

(2) 연상되는 속담

① 형 미칠 아우 없고 아비 미칠 자식 없다.

② 형만 한 아우 없고 아비만 한 자식 없다.

③ 자식 보기에 아비만 한 눈 없고 제자 보기에 스승만 한 눈 없다.

1318. 호랑이는 죽어서 가죽을 남기고 사람은 죽어서 이름을 남긴다

(1) 의미 : 사람은 살아서 남에게 존경받을 훌륭한 일을 해야 죽어서도 훌륭함이 길이 빛난다.

(2) 成語 : 호사유피(虎死留皮) 인사유명(人死留名).

1319. 호랑이도 제소리 하면 온다

(1) 의미 : 남의 험담을 함부로 하지 마라.

(2) 해설 : 남 험담하고 있는데 당사자가 나타나는 모양.

1320. 호랑이도 제 숲을 떠나면 두리번거린다

(1) 의미 : 누구든지 자기 전문분야 아니면 능숙치 못하다.

1321. 호미로 막을 걸 가래로 막는다

▶찾아가기 : 366. 닭 잡아 겪을 나그네 소 잡아 겪는다.

1322. 호박씨 까서 한입에 털어넣는다

(1) 의미 : 애써 모든 것 한꺼번에 다없앴다.

(2) 해설 : 호박씨 까는 일은 힘든 일. 그걸 한꺼번에 다 없앴다.
(3) 연상되는 속담
① 티끌 모아 재산.

1323. 호박이 넝쿨째 굴러들었다

(1) 의미 : 예기치 못한 횡재.
(2) 같은 뜻의 속담
① 아닌 밤중에 차시루떡.
② 움 안에서 떡 받는다.
③ 빈 집에 소 들어왔다.

1324. 호박잎에 청개구리 뛰어오르듯

(1) 의미 : 어린 자가 연장자에게 버릇없이 건방진 행동을 하는 것.

1325. 혹 떼러 갔다가 혹 붙여 온다

(1) 의미 : 이익을 보려다 오히려 손해 보는 모양새.
(2) 같은 뜻의 속담
① 닷 돈 보고 보리밭에 갔다가 명주 속옷만 다 찢었다.
(3) 연상되는 속담
① 되로 주고 말로 받는다.
② 치러 갔다 맞기가 예사라.
③ 남잡이가 제잡이.

1326. 혼사 말하는데 장사 말한다

(1) 의미
① 전혀 관계 없는 말로 대답한다.
② 경사스런 대화에 불길한 말로 응한다.
(2) 成語 : 동문서답(東問西答).

1327. 혼인대사 급대사라

(1) 의미 : 과년한 자식을 둔 부모의 애타는 심정.

(2) 같은 뜻의 속담

① 자식이 과년하면 부모가 반중매쟁이가 된다.

② 옆집 사위 옆집 며느리 안 되어본 사람 없다.

(3) 연상되는 속담

① 딸자식이 과년하면 경상도 도토리도 굴러든다.

② 뒷집 노인장하고도 댄다.

③ 처녀 총각은 개 외엔 다 댄다.

1328. 혼인치레 말고 팔자치레 하랬다

(1) 의미 : 혼인잔치에 큰돈 들이지 말고 결혼 후의 알뜰한 살림살이에 더 신경 써라.

1329. 혼자서 북 치고 장구 친다

(1) 의미 : 혼자서 모든 일 도맡아 다 한다.

(2) 같은 뜻의 속담

① 혼자서 통장 반장 다 한다.

② 혼자 사는 동네에서 구장질 면장질 다 한다.

(3) 연상되는 속담

① 북 치는 놈 따로 있고 장구 치는 놈 따로 있나.

1330. 홀아비는 이가 서 말, 과부는 은이 서 말

(1) 의미 : 홀아비 살림살이는 헤픈 살림살이
과부의 살림살이는 알뜰한 살림살이.

(2) 해설 : 홀아비 살림은 술, 도박 등 낭비의 가능성이 크다. 과부의 살림은 술,도박 등 낭비의 가능성이 적다.

(3) 연상되는 속담

하

① 홀아비는 이가 서 말.
※홀아비의 생활은 의식주 모두 지저분할 수밖에 없다.

1331. 홑적삼 큰애기에 눈도 멀고 마음도 먼다

(1) 의미 : 홑적삼 입은 처녀의 몸매에 홀딱 반한 총각의 설레는 마음.
(2) 같은 뜻의 속담
① 사족을 못 쓴다.

1332. 화가 복이 된다

(1) 의미 : 잘못한 일이 결과적으로는 잘한 일이 되는 모양.
(2) 같은 뜻의 속담
① 비 온 뒤 땅 더 굳어진다.
(3) 成語 : 전화위복(轉禍爲福)
(4) 연상되는 속담
① 찰찰이 불찰이라.

1333. 화 곁에 복이 기대서고 복 속에 화가 숨어 있다

(1) 의미 : 한세상 좋은 일보다는 나쁜 일이 더 많다.
(2) 같은 뜻의 속담
① 복은 쌍으로 안 오고 화는 홀로 안 온다.
② 손톱은 슬플 때마다 돋고 발톱은 기쁠 때마다 돋는다.
③ 한 치의 기쁨에는 한 자의 걱정이 따른다.
(3) 연상되는 속담
① 부귀 빈천이 물레바퀴 돌 듯.
② 정선골 물방아 물레바퀴 돌 듯.
③ 음지가 양지 되고 양지가 음지 된다.
④ 이랑이 고랑 되고 고랑이 이랑 된다.
⑤ 흥망성쇠 부귀 빈천이 물레바퀴 돌 듯한다.

⑥ 열흘 붉은 꽃 없다.
⑦ 달도 차면 기운다.
⑧ 봄꽃도 한 때
⑨ 한 달이 크면 한 달이 작다.
⑩ 그릇도 차면 넘친다.

1334. 화롯가에 엿을 붙이고 왔나

▶찾아가기 : 791. 솥뚜껑에 엿을 붙이고 왔나.

1335. 화살은 쏘아 놓고 주워도 말은 해 놓고 못 줍는다

▶찾아가기 : 1223. 칼날의 흠은 고쳐도 말 흠은 못 고친다.

1336. 홧김에 서방질한다

▶찾아가기 : 818. 시에미 노여움에 개 배때기 찬다.

1337. 황새와 조개 싸움에 어부가 이득 본다

▶찾아가기 : 1108. 조개 황새 싸움에 어부가 이득 본다.

1338. 효도는 백 행의 근원

(1) 의미 : 올바른 마음가짐과 올바른 행동의 근원은 부모님에게 효도하는 것에서부터다.
(2) 연상되는 속담
① 삼천 가지 죄 중 불효죄가 제일 큰 죄다.

1339. 훔친 놈은 한 죄, 잃은 놈은 열 죄

(1) 의미 : 내 것 잃어버리면 주위 모든 사람을 의심하게 되고, 그 의심 자체가 죄가 되니 내 물건 관리 잘 하라.
(2) 연상되는 속담
① 도둑맞으면 제 에미 품도 들춰본다.

② 도둑맞으면 제 아내 속치마도 들춰본다.

1340. 흐르는 물 썩지 않는다

(1) 의미 : 건강차원의 정신적 육체적 활동을 강조하는 것.

(2) 같은 뜻의 속담

① 구르는 돌 이끼 안 낀다.

② 부지런한 물레방아 얼 새도 없다.

1341. 흑백을 가린다

(1) 의미 : 시비곡직을 명확히 한다.

(2) 같은 뜻의 속담

① 윷짝 가르듯.

1342. 흥부 집 제비 새끼만도 못하다

(1) 의미 : 몹시 인색하다.

(2) 같은 뜻의 속담

① 이마를 찔러도 피 한 방울 안 나겠다.

② 곱슬머리 옥니박이하고는 말도 말랬다.

참고문헌

1. 권순우, 한 권으로 읽는 한국의 속담
2. 권천학, 속담 명언 사전
3. 김도환, 한국 속담 활용 사전
4. 김승용, 우리말 절대 지식
5. 안병욱, 인생론
6. 원영섭, 우리 속담 풀이
7. 이선종, 한국의 속담 대백과
8. 정비석, 산정무한
9. 정종진, 한국의 성 속담사전
10. 조남호, 속담 활용 글쓰기
11. 조희웅, 춘향전